AF814240

EBEVEYNLİK YOLUNDA SINIR VE SEVGİ

Çocuk Eğitimi ve Rehberlikte Modern Disiplin Yaklaşımları

F. Merve Güney

Viyana / 2026

Peace Hunter Publishing

Kitap Adı: EBEVEYNLİK YOLUNDA SINIR VE SEVGİ
Çocuk Eğitiminde Modern Disiplin Yaklaşımları

Yazar: Feride Merve Güney

Kapak Tasarımı: F.Merve Güney
Baskı ve Cilt: 1
Yayınevi: Peace Hunter Publishing
Basım: 1. Baskı
ISBN:

ÖNSÖZ

Bilinçaltımızdaki ebeveynlik kodlarında uzun yıllar boyunca çocuğun fiziksel, yani maddi ihtiyaçlarını karşılamak yeterli görülüyordu. Karnı tok olsun, kıyafetleri iyi olsun, hasta olmasın, doktora ve ilaca ulaşabilelim, okula gitsin... Genel olarak ebeveynlik anlayışı bu çerçevede şekilleniyordu.

Günümüzde ise bilimsel çalışmaların artması, psikoloji ve pedagojinin gelişmesiyle birlikte ebeveynlik çok kısa sürede bambaşka bir noktaya taşındı.

Artık "karnı tok olsun" anlayışı yerini; öğün planlarına, karbonhidrat ve şeker dengelerine, protein ve vitamin ağırlıklı beslenmeye bıraktı. Bebeklikten itibaren özel ek gıda tarifleri, hangi yağların daha sağlıklı olduğu gibi konular ebeveynliğin bir parçası hâline geldi.

"Kıyafetleri iyi olsun" diyen anne babalardan; artık polyester mi, pamuklu mu diye kontrol eden ebeveynlere dönüşmek durumunda kaldık.

"Hasta olmasın yeter" anlayışından; verilen ilaçları daha çok araştıran, alerji tetkiklerine ağırlık veren, yediğimiz sebzenin içindeki tarım ilaçlarını düşünen, katkı maddeleri ve işlenmiş gıdalar konusunda kaygı duyan bir noktaya geldik.

Ve işin en zor tarafı şu:
Bütün bu bilgiler her gün, her an üzerimize yağıyor.

İnternet, sosyal medya, çevremiz... Her yerden sürekli bir bilgi akışı var. Binlerce kaynak, binlerce öneri... Hangisinin doğru olduğuna karar vermek her geçen gün daha zor hâle geliyor.

Çocuğunu sağlıklı yetiştirmek isteyen ebeveynler için bu durum zamanla bir çıkmaza dönüşebiliyor. Artık git gide daha çok karar vermek zorundayız. Üstelik çok fazla seçenek arasından doğru olanı seçmeye çalışarak. Çünkü önceden bu kadar negatif seçeneklerle karşı karşıya değildik.

Psikolojide bilinen bir gerçek vardır:
Seçenekler arttıkça kararsızlık ve zihinsel yük de artar. Ve bu gerçekten yorucu bir süreçtir.

Maddi ihtiyaçlarda yaşanan bu değişim, psikolojik alanda da benzer şekilde kendini gösterdi. Bir süre önce hayatımıza önemli bir anlayış girdi:

"Çocuklar da bir bireydir."

Onların da hayır deme, kendi kararlarını verme, duygu ve düşüncelerini ifade etme hakkı olduğu gerçeğini kabul ettik. Bu, ebeveynlik adına çok değerli bir farkındalıktı.

Çocuklara bir eşya gibi davranmak yerine, onları birey olarak görmek...
Onlara söz hakkı tanımak...
Kendilerini ifade edebilecekleri bir alan açmak...

Bu toplum adına önemli bir dönüşümdü. Bu anlayış yeni yeni yerleşmeye başlamışken, hayatımıza başka bir kavram daha girdi:

"Travma."

Psikoloji biliminin gelişmesiyle birlikte, birçok duygusal ve davranışsal problemin kökeninde çocukluk deneyimlerinin olduğu daha net görülmeye başlandı. Psikoterapilerde insanların çocukluklarına inmeye başlandı. Bu da ebeveynlik yaklaşımını yeniden şekillendirdi.

Birçok ebeveyn, kendi yaşadığı zorlukları çocuklarının yaşamaması için daha hassas davranmaya başladı. Bu çok değerli bir niyettir.

Ancak zamanla bu hassasiyet, çocukların üzülmemesi, ağlamaması, hayal kırıklığı yaşamaması yönünde bir çabaya dönüştü.

Bir nesil, travmatik deneyimlerin farkına vardı ve kendi çocuklarına bunu yaşatmamak için çabaladı.
Ancak bu çaba, zaman zaman çocukların her isteğinin karşılandığı bir noktaya doğru kaymaya başladı.

Evde hassasiyetle büyütülen çocuklar, dış dünyada aynı hassasiyetle karşılaşmadıklarında yeni bir zorlukla karşı karşıya kaldılar.

Ve tam bu noktada hayatımıza bir kavram daha girdi:

"Sınır."

***

Çocukları mutlu etmek, onları korumak ve travma yaşamalarını önlemek çok değerli bir çaba.
Ama bir noktada şu soru ortaya çıkar:

Nerede durmak gerekiyor?

Çünkü sınırların olmadığı bir ortamda çocuk, neyi yapıp neyi yapmaması gerektiğini öğrenemez, toplumsal kuralları anlamakta zorlanır ve yetişkinleri rehber olarak görmek yerine sadece kendi istekleriyle hareket etmeye ister.

Henüz kendi kendine sınır koyabilecek muhakeme becerisi gelişmemiş bir çocuk, dışarıdan da net sınırlarla karşılaşmazsa, adeta trafik ışıkları ve işaretleri olmayan bir şehirde yol almaya çalışan birine benzer. Ve bu süreçte kaçınılmaz olarak "kaybolmalar ve çarpışmalar" yaşanır. Bazıları küçük, bazıları daha büyük.

Bir sonraki aşama ise daha hassas bir dengeyi sağlamayı gerektirdi:

Sınır koyarken sevgiyi koruyabilmek.

Çocuk, kuralların onu kontrol etmek için değil, onun iyiliği için olduğunu anlamalıdır.
Ve en önemlisi, sadece "evet" denildiğinde değil, "hayır" denildiğinde de sevildiğini bilmelidir.

Bu kitabın sunmaya çalıştığı yaklaşım tam olarak burada başlar:

Çocuğun, sizin onun dünyasına gerçekten dahil olduğunuzu görmesi gerekir. Sadece sağlıklı besinler sunan, daha iyi kıyafetler seçen, daha eğitici oyuncaklar alan vb. bir ebeveyn olmak yeterli değildir.Aynı şekilde sadece kurallar koyan bir otorite olmak da yeterli değildir.

Asıl mesele şudur:

Çocuğun dünyasında ne kadar varsınız?

Çünkü sevgiyle sınır koyabilmenin temeli burada yatar.

Çocuk, kendini değerli hissettiğinde, anlaşılmış hissettiğinde ve yanında olduğunuzu bildiğinde, sınırları daha kolay kabul eder. Bu, çocuğun en temel ihtiyaçlarından biridir.

Bu nedenle ebeveynlikte tek taraflı değil, iki yönlü bir bakış açısı geliştirmek gerekir.

*

‘Dünyaya onun gözünden de bakmak çocuk yetiştirmede olmazsa olmazdır, bu onu anlamış gibi yapmak yerine, gerçekten anlamanızı sağlar!

Unutmayın insanın en temel ihtiyaçlarından birisi anlaşılmaktır.’

GİRİŞ

Disiplin, Sınır ve Korku Arasında Sıkışan Yetişkinler

Bugün birçok ebeveyn ve eğitimci, çocuk yetiştirirken önceki kuşaklardan çok daha fazla düşünüyor, sorguluyor ve dikkat etmeye çalışıyor. "Yanlış bir şey yapmayayım", "Onu kırmayayım", "Travma yaşatmayayım" kaygısı, çoğu zaman iyi niyetle başlıyor.
Ancak bu iyi niyet, sınır koyma konusunda ciddi bir kararsızlığa da yol açabiliyor.
Bir yanda disiplin kelimesinin geçmişten gelen sert çağrışımları...
Diğer yanda çocuğun duygularını koruma isteği...
Bu iki uç arasında kalan yetişkinler, çoğu zaman şunu soruyor:
"Ne yaparsam doğru olur? Nasıl yaparsam doğru olur?"
Bu kitap, tam da bu sorunun ortasında duruyor.

Disiplin mi, Kontrol mü?

Uzun yıllar boyunca disiplin, çocuğun davranışlarını kontrol etmek olarak anlaşıldı. Kurallara uymak, itaat etmek ve hata yapmamak ön plandaydı. Bugün ise bunun tam tersi bir uçta, sınırların neredeyse tamamen kaldırıldığı yaklaşımlar da yaygınlaşıyor.
Oysa çocuk gelişimi, bu iki uçtan da beslenmez.
Çocuklar:

- Fazla kontrol edilmekten zarar görür
- Sınırsız bırakıldıklarında ise kaybolurlar

İhtiyaç duydukları şey; **ilişki içinde netliktir**.

Bu Kitap Ne Yapmayı Amaçlıyor?

Bu kitap;

- Disiplini ceza ile eşitlemeyen,
- Sınır koymayı sevgisizlik olarak görmeyen,
- 8–15 yaş arası çocukların gerçek ihtiyaçlarını merkeze alan,
- Ebeveynler ve eğitimciler için **uygulanabilir bir yol** sunmayı amaçlar.

Teoriyle boğmadan, sahayı merkeze alır.
Okuyucuyu yargılamaz, eşlik eder.

Kimler İçin Yazıldı?

Bu kitap;

- 8–15 yaş arası çocuğu olan veya olacak ebeveynler,
- Mesleğinde yeni veya orta deneyimde eğitimciler,
- "Ne yapacağımı biliyorum ama uygulayamıyorum" diyen yetişkinler içindir.

Mükemmel olmayı değil, **daha tutarlı ve daha güvenli** olmayı hedefler.

Önemli Bilgilendirme!

Bu kitapta okuyacağınız hiçbir öneri:

- **Her duruma birebir uyacak sihirli çözümler değildir.**

Ama her bölüm şunu amaçlar:
"Bugün bir şeyleri biraz daha net yapabilirim."

Aklınızdan Bulunsun!

Asıl önemli olan çocuğun yaşına ve gelişim düzeyine uygun, uygulanabilir sınırlar belirlemektir. Çocuğun kapasitesini aşan ya da hareket alanını gereksiz şekilde daraltan sınırlar, gelişimi desteklemek yerine engelleyebilir.

Çünkü her şey sınıra tabi değildir.

Çocuğun keşfetmesi, denemesi, hata yapması ve çocukluğunu özgürce yaşayabilmesi gelişimin doğal bir parçasıdır. Bu nedenle sınır koyarken asıl amaç, çocuğun hareket alanını daraltmak değil; bu özgürlüğün hem çocuğun kendi iç güvenliğini sarsmamasını hem de başkalarının sınırlarını ihlal etmemesini sağlamaktır.

Başka bir deyişle sınırlar, özgürlüğün karşıtı değil,

sağlıklı bir şekilde var olabilmesinin koşuludur.

BÖLÜM 1

Sınır Nerede Başlar?

Bir çocuğu büyütürken, çoğu zaman içimizde aynı anda hem çok güçlü bir sevgi hem de derin bir sorumluluk duygusu taşırız.
Onun hem iyi bir insan olmasını, hem mutlu ve özgüvenli hissetmesini, hem de hayatta neyin doğru neyin yanlış olduğunu içten içe bilmesini isteriz.
Tam bu noktada karşımıza sık sık çıkan kelime, neredeyse her ebeveyn sohbetinde dolaşan o kavramdır: "Disiplin."
Ama şu soruyu kendimize pek az sorarız: Disiplin dediğimizde kastettiğimiz şey gerçekten çocuğa yol gösteren, öğreten, uzun vadeli bir süreç midir; yoksa sabrımızın taştığı, dayanma gücümüzün bittiği anlarda verdiğimiz tepkilerin toplamına mı bu adı veriyoruz?

Disiplin Sandığımız Şey Gerçekten Disiplin mi?

Birçok yetişkin, "disiplinli bir ebeveyn" olmaya çalışırken, aslında farkında bile olmadan çoğunlukla sadece reaksiyon göstermektedir; yani o anda ortaya çıkan duygusunu, hiç süzgeçten geçirmeden çocuğuna yansıtmaktadır.
Tepki vermek ile disiplin uygulamak arasındaki fark, günlük hayatın koşturmacası içinde çoğu zaman görünmez olur, aradaki ince çizgi giderek silikleşir.

Tepki;

- anlıktır, o anda patlar ve biter,
- çoğu zaman duygusaldır, içinde yorgunluk, öfke, hayal kırıklığı taşır,
- çocuğun davranışından çok, yetişkinin o günkü tahammül sınırıyla, ruh hâliyle ve geçmişten biriken yükleriyle ilgilidir.

Disiplin ise;

- önceden düşünülmüştür, yani "böyle bir durum olursa ne söylemek istiyorum?"sorusunun cevabı zihinde az çok vardır,
- daha sakindir; duyguyu tamamen yok saymaz ama duygunun direksiyonu ele geçirmesine de izin vermez,
- çocuğun davranışının arkasındaki ihtiyacı, zorlanmayı, duyguyu da hesaba katar ve sadece "yanlış yaptın" demez, "neden böyle yaptın, neye ihtiyacın vardı?" sorusuna da kulak verir.

Tanıdık bir sahneyle somutlaştıralım.
11 yaşındaki çocuğunuzun ödev saati gelmiş, akşam olup saat ilerlemiş, ama o hâlâ tabletin başında oyun oynuyor.
Belki o gün işte zor bir gün geçirdiniz, belki bu sahneyi son haftalarda defalarca yaşadınız, belki içinizde "Yine mi aynı şey!" diye yükselen bir iç ses var.
Yorgunluk, çaresizlik ve öfke birbirine karıştığında, ağzımızdan çoğu zaman şu cümlelere benzer sözler dökülür:

"Kaç kere söyledim sana? Ver bakayım o tableti, yeter artık, bitti!"

Bu tür bir çıkış, dışarıdan bakan biri için "otorite koymak" gibi görünebilir; hatta pek çok kültürde hâlâ "işte sağlam disiplin" diye de yorumlanabilir.
Oysa gerçekte bu davranış, çoğunlukla yetişkinin kendi iç kontrolünü yitirdiği, taşan duygusunu çocuğun davranışı üzerinden

dışa vurduğu bir andır; yani daha çok bizim sınırımızla ilgilidir, çocuğa bir şey öğretmekten çok, o anki gerginliği kesip atmaya yöneliktir.

Çocuk o an gerçekten durabilir, tableti kapatıp odasına gidebilir ya da sessizleşebilir.
Ama bu, onun davranışının anlamını kavradığı, içsel bir ilke edindiği anlamına gelmez; çoğu zaman kafasında şu cümle kalır:

"Annem/babam çok sinirlenince durmam gerekiyor, yoksa tepki görürüm."

Gerçek disiplin ise bambaşka bir yerden konuşur.
Çocuğun o anda davranışını susturmaktan değil, ileride benzer bir durumla karşılaştığında — siz orada olmasanız bile — kendi kendine ne yapacağını bilmesinden yanadır; yani uzun vadede içsel bir pusula, bir özdenetim gelişsin ister.

Bu yüzden kendimize zaman zaman şunu sormak çok işe yarar:

"Şu anda çocuğa bir şey mi öğretiyorum, yoksa sadece durdurmaya mı çalışıyorum?
Bu davranışın arkasında ne var, ben neyi onarmaya çalışıyorum?"

Aynı sahneyi, bu kez başka bir akışla hayal edelim.
Yetişkin, içindeki öfkeyi fark eder, belki derin bir nefes alır, ses tonunu bilerek yavaşlatır ve çocuğun yanına giderek şöyle der:

"Ödev saatinde tablet kullanımıyla ilgili bir kuralımız var. Şu an ödev zamanı, bu yüzden tablet kapalı olacak. İstersen ödevini bitirdikten sonra ne kadar süre kullanabileceğini birlikte konuşabiliriz, yani oyun zamanı da olacak ama şimdi değil."

Bu yaklaşımda çocuk sadece "elinden bir şey zorla alınmış" gibi hissetmez.
Sınır net bir şekilde hatırlatılır; bu sınırın arkasındaki mantık — ödev zamanı ile eğlence zamanının birbirine karışmaması — kısaca ifade edilir ve geleceğe dair öngörülebilir bir çerçeve çizilir.
Çocuk elbette bu durumdan her zaman memnun olmak zorunda değildir, hatta surat asabilir, söylenebilir; ama en azından içinden şunu söyleyebilir:

"Bu, o anki sinire göre değişen bir yasak değil. Bunun bir kuralı ve nedeni var, her seferinde aynı yerden geliyor."

Ebeveyn İçin Hızlı Uygulama 1: Tepki Günlüğü

Bir hafta boyunca sadece şu anlara odaklanın:

Çocuğunuza sınır koyduğunuz her anı kısa not alın.
Akşam 5 dakikanızı ayırıp şu soruyu sorun: "Bu anda çocuğa bir şey mi öğrettim, yoksa sadece durdurdum mu?"
Örnek: "Tablet olayı - tepki verdim, bağırmadan önce nefes alsaydım ne derdim?"
Bu egzersiz, farkındalığınızı artırır ve bir sonraki seferde otomatik tepkiyi keser.

Beynin Penceresinden: Neden Önce Sakinlik?

8–15 yaş arası, çocuğun sadece bedensel olarak değil, duygusal ve zihinsel olarak da ciddi bir değişim yaşadığı bir dönemdir; beyninin adeta yeniden kablolandığı yıllardır.
Bu dönemde, duyguların daha yoğun yaşandığı limbik sistem ile,

düşünme, plan yapma, sonuç kestirme ve frene basma gibi işlevlerden sorumlu ön beyin (prefrontal korteks) arasında yeni bağlantılar kurulur, var olanlar güçlenir.

Bu tablo, günlük hayatta şöyle görünür:
Çocuk çok kızgınken, çok utanmışken, çok haksızlığa uğramış hissettiğinde, beyninin "duygusal tarafı" direksiyonu ele geçirir; o anda mantıklı cümleler, uzun nasihatler, "sen de bir düşün bakalım" çağrıları çoğu zaman ona çarpar ve yere düşer.
Üstelik yetişkinin sesi yükseldikçe, tehdit ya da utandırma devreye girdikçe, çocuğun beyni "tehlike var" diye alarm verir; bu da onu savunmaya, inkâra, karşı saldırıya ya da tamamen kapanmaya iter.

Bu nedenle **disiplin dediğimiz süreç, aslında çoğu zaman önce yetişkinin kendi içinde fren yapmasıyla başlar.**

Yani:

- Kendi duygusunu fark eder: "Şu an çok gerginim, öfkeliyim."
- Mümkünse bir iki saniyelik bir nefes aralığı yaratır; belki cümleye başlamadan önce bir yudum su alır, odadan kısa bir an için çıkar ya da sadece içinden sayar.
- Sonra çocuğun duygusuna temas eder: "Kalkmak istemediğini görüyorum, oyunun tam ortasındasın, biliyorum."
- En sonunda da sınırı netleştirir: "Ama şu an ödev zamanı ve bu kurala sadık kalacağız."

Bu sıralama, çocuğun beynine ve kalbine aynı anda önemli bir mesaj verir:

"Duyguların bende güvende; ben onları reddetmiyorum. Ama bu duygularla yaptığın her şey serbest değil, bunu birlikte düzenlemeyi öğreneceğiz."

Ebeveyn İçin Hızlı Uygulama 2:

3 Hazır Cümle

Zorlandığınız anlarda kullanmak için kendinize 3 cümle belirleyin ve telefonunuza not alın:

1. "Kızgın/üzgün olduğunu görüyorum..." (duyguyu adlandırın)
2. "Ama ... kabul edilebilir değil." (sınırı koyun)
3. "Sakinleşince bunu konuşabiliriz." (bağı kurun)

Bu cümleler, duygusal anda beyninizi kurtarır; otomatik tepki yerine, önceden seçtiğiniz bir yolu hatırlamanızı sağlar.

Sınır Koymak Gerçekten Sertlik mi?

"Sınır koymak" dediğimizde, birçoğumuzun zihninde canlanan ilk görüntü, pek de iç açıcı olmayabilir: Çatık kaşlar, keskin bir ses tonu, tartışmaya kapalı bir ifade ve belki şu cümle: "Ben ne diyorsam o olacak!"

Özellikle 8–15 yaş aralığında, çocuk artık daha çok konuştuğunda, itiraz ettiğinde, kendi fikirlerini daha yüksek sesle savunduğunda, ebeveynin içinden iki zıt korku geçebilir: Bir yanda "İyice saygısız olacak, sınırı kaçırıyorum" endişesi, diğer yanda "Bu kadar bastırırsam benden uzaklaşır, içini bana açmaz" kaygısı.

Bu iki korku arasında gidip gelirken, bazen sınır koymaktan tümüyle geri çekiliriz; bazen de tam tersi, gerginlik patladığında çok daha sert bir noktadan konuşuruz.
Oysa sınır koymak, duyguyu yok saymak, çocuğu bastırmak ya da ilişkiyi koparmak değildir.
Sınır koymak, davranış konusunda net olmaktır; "buraya kadar tamam, buradan sonrası olmaz" demeyi bilmektir.

Örneğin 13 yaşındaki çocuğunuz sinirlendi, odasına kapanırken kapıyı büyük bir gürültüyle çarptı.
O anda aklınıza gelebilecek iki cümleyi yan yana koyalım:

"Bir daha böyle yaparsan telefonunu alırım, haberin olsun."

ve

"Şu an çok kızgınsın anlıyorum. Ama kapıyı çarpmak kabul edilebilir değil. Sakinleştiğinde bunu konuşacağız."

İlk cümlede, çocuk çoğu zaman şunu hisseder:
"Bu duyguyu gösterirsem başıma iş açılır. Öfkem tehlikeli, ceza gelecek."

İkinci cümlede ise mesaj daha farklıdır:
"Öfkemi gören, buna isim koyan bir yetişkin var. Ama bu öfkeye teslim olup her şeyi yapamayacağımı da söylüyor, yani hâlâ benden sorumluluk bekliyor."

İkinci yaklaşım sert değildir; tok ve sakindir, netlik taşır.
Çocuğun duygusunu içeride tutarken, davranışına çerçeve çizer.

Çok temel ama sık unutulan bir gerçeği hatırlatır:
Çocuk, sınır koyulduğunda değil; neye izin verilip neye verilmeyeceğini tahmin edemediğinde kendini güvensiz hisseder. Onun gözünde içinde yaşadığı dünya tam şekillenemez.
Onu yoran çoğu zaman "hayır" değil, belirsizliktir; bugün evet olanın yarın hayır olabilmesidir.

Sınırlar Neye Hizmet Eder?

Sınırlar çoğu zaman "evin düzeni", "yetişkinin rahatı" için varmış gibi anlatılır; sanki sadece büyüklerin işini kolaylaştıran bir araçmış gibi.
Evet, sınırlar yetişkinin yükünü de hafifletir; hayatı belli bir düzene sokar.
Ama sağlıklı konmuş bir sınır, aslında en çok çocuğun iç dünyasına hizmet eder; onun kafasının içinde bir düzen, bir harita oluşturur.

8–15 yaş arası çocuklar, aynı anda üç farklı dünya arasında gidip gelirler:

- Kendi istekleri, merakları, içlerinden gelen "hemen şimdi" dürtüleri,
- Arkadaş çevresinin beklentileri, grup kuralları, "el alem ne der" hisleri,
- Ailenin değerleri, kuralları, sınırları ve yetişkin otoritesi.

Bu üç alanın sesi aynı anda yükseldiğinde, çocuğun zihninde ciddi bir kalabalık oluşur.
O da çoğu zaman kendine şunu sorar:

"Ben ne istiyorum? Benden ne bekleniyor? Arkadaşlarımdan geri kalmadan, aileme de tamamen sırtımı dönmeden nasıl davranacağım?"

Sınırlar, işte bu karmaşanın ortasında çocuğun zihninde bir tür iç harita çizer.
Bu harita sayesinde çocuk şunu hisseder:

"Buraya kadar özgürüm, buradan sonrası belli. Ne zaman durmam gerektiğini az çok biliyorum."

Sınırların olmadığı ya da her gün değiştiği evlerde, çocuklar daha fazla test eder, daha fazla zorlar, daha fazla çatışmaya girer.
Dışarıdan bakıldığında bu, "inat", "şımarıklık", "saygısızlık" gibi etiketlerle adlandırılabilir.
Oysa çoğu zaman çocuk içten içe şunu yapıyordur:

"Bu evde gerçekten sınır nerede başlıyor, nerede bitiyor? Bunu anlamak için denemem gerekiyor; biraz daha itince ne oluyor, biraz geri çekilince ne oluyor, görmek istiyorum."

Bu anlamda sınırlar, çocuğun dünyasını daraltmak için değil, ayağının altındaki zemini sağlamlaştırmak için vardır.
Sınırlı olmak, onun gözünde "kısıtlanmış" olmak değil; "nerede duracağını bilen biri olmak" anlamına gelir.

Ebeveyn İçin Hızlı Uygulama 3: Aile Haritası Oluşturun

Sakin bir akşam, çocuğunuzla birlikte 3 net kural yazın:

1. Ödev saati = ekran kapalı
2. Öfke anında eşyaya vurma yok
3. Konuşma zamanı = sakinleşme sonrası

Bu listeyi buzdolabına asın. Haftada bir gözden geçirin. Bu, belirsizliği azaltır ve evin "oyun kurallarını" herkes için görünür kılar.

Disiplinin Asıl İşlevi: Güven

Disiplin denince pek çok kişinin aklına ilk olarak kurallar, cezalar, ödüller, yapılacaklar listeleri gelir.
Oysa disiplinin en az konuşulan, ama aslında en temel işlevi, çocuğa güven duygusu vermektir.

Tutarlı sınırlar çocuğa görünmez bir mesaj gönderir:

"Bu dünyada ne olacağını büyük ölçüde tahmin edebilirsin.
Ne zaman 'hayır' duyacağını, ne zaman 'şimdi durman lazım' deneceğini, ne zaman 'oturup konuşabiliriz' dendiğini biliyorsun."

Bu mesaj, özellikle ergenliğe yaklaşan ve ergenlikte olan çocuklar için çok değerlidir.
Çünkü aynı dönemde zaten yeterince belirsizlik yaşarlar:

- Bedeni hızla değişir, kimi zaman kendi bedeninde yabancı gibi hisseder.
- Arkadaşlık ilişkileri dalgalanır, bir gün çok yakın olan bir arkadaş ertesi gün uzaklaşabilir.
- Okul yükü artar, gelecek kaygısı yavaş yavaş kapıyı çalar.
- Kendilik algısı, "Ben kimim? Neye inanıyorum? Ne istiyorum?" sorularıyla sallanır.

Böyle bir iç fırtınanın içinde, dış dünyanın da belirsiz olması — yani evdeki kuralların sık sık değişmesi, cezaların öngörülemez olması, yetişkinin bir gün çok yumuşak, ertesi gün çok sert davranması — çocuğun kaygısını daha da artırır.

Disiplin, işte tam burada devreye girer ve şunu söyler:

"Her şey değişiyor olabilir ama bizim aramızdaki çerçeve genel hatlarıyla belli.
Ne yaparsan tamamen yalnız kalmayacağını, ne yaptığında karşılığında ne göreceğini az çok biliyorsun."

Disiplin, çocuğun kendini güvende hissetmesi için oluşturulmuş bir çerçevedir.
Bu çerçeve ne kadar net ve tutarlıysa, çocuk o kadar rahat hareket eder; hata yapmaya, yeni şeyler denemeye, fikrini söylemeye daha

cesur yaklaşır, çünkü "yanlış da yapsam, dünyanın sonu değil" duygusunu taşır.

Böylece önemli olan mükemmel olmak değil; istikrarlı olmak vurgulanır.
Hiç bağırmayan, hiçbir zaman hata yapmayan, ağzından her zaman doğru cümleler çıkan bir ebeveyn olmak zorunda değilsiniz.
Ama çocuğun, "Evet, annem/babam bazen sinirleniyor, bazen yanlış da yapıyor; ama sonra dönüp konuşabiliyoruz, kurallarımız çoğunlukla aynı yerde duruyor" diyebilmesi, onun için çok güçlü bir koruyucu faktördür.

Duygular Kabul Edilebilir Ama Davranış Her Zaman Değil

Bu bölümün kalbinde duran cümle aslında çok sade, ama çok derindir:

"Duygu kabul edilebilir, davranış her zaman değil."

Çocuğunuzun kızmasına, kırılmasına, kıskanmasına, hayal kırıklığı yaşamasına engel olamazsınız; üstelik bu duyguların hiçbiri başlı başına "yanlış" da değildir.
Duygular, insan olmanın doğal parçalarıdır; bize neye ihtiyaç duyduğumuzu, nerede zorlandığımızı, hangi sınırımızın aşıldığını haber verirler.

Ama bu duygularla ne yaptığımız, yani davranışlarımız, işte orası öğrenilen ve öğretilebilen bir alandır.
Çocuğa şu mesajı verebildiğimizde çok şey değişir:

"Kızman normal, üzülebilirsin, hayal kırıklığı yaşayabilirsin.
Bu duygularınla yan yanayım.
Ama bu kızgınlıkla kimseye vuramazsın, hakaret edemezsin, eşyayı kırıp dökemezsin.
Duygunla birlikte olacağız; davranışını birlikte düzenleyeceğiz."

Bu mesaj, zaman içinde çocuğun içinde şu düşünceye dönüşür:

"Ne hissedersem hissedeyim, bu beni kötü bir insan yapmaz.
Ama bu duygunun peşine takılıp yaptıklarımın sorumluluğu bana ait; onları seçebilirim."

Bu iç ses, onun yetişkin hayatında da hem kendine hem başkalarına nasıl davranacağını belirleyen en önemli rehberlerden biri olacaktır.

Bu Bölümden Notlar

- Disiplin, anlık öfke patlamalarının ya da sabrın taşmasının adı değil; çocuğa bir şey öğreten, uzun vadeli bir süreçtir.
- Sınır koymak, sertlik ya da sevgisizlik değil; davranışla ilgili netliktir.
- Duygular kabul edilebilir; ama her duygu, her davranışı meşrulaştırmaz.
- 8–15 yaş arası çocuklar, sınır yüzünden değil; belirsizlik yüzünden daha çok zorlanır ve yıpranır.
- Disiplin, çocuğu korkutmak ya da kontrol etmek için değil, kendini güvende hissetmesi ve içsel bir pusula geliştirmesi için vardır.

“Çocuğunuzun her isteğini hemen karşılamak onu mutlu edebilir veya o an çocuk ve sizin için kısa süreli rahatlama sağlayabilir; ama beklemeyi öğretmek onu hayata hazırlar.”

ARA BÖLÜM

Severken Sınırları mı Kaybediyoruz?

Sevgi, Sınır Koymaya Engel Mi?

Birçok yetişkin için sevgi, çocuğun üzülmemesiyle eş anlamlı hâle gelmiş durumda. Ağlamasın, kırılmasın, hayal kırıklığı yaşamasın ... Bu iyi niyetli istekler zamanla sınır koymayı zorlaştırıyor. Çünkü sınır, çoğu zaman çocuğun hoşuna gitmeyen bir durumu da beraberinde getiriyor.

Burada karşımıza çıkan temel karışıklık şudur;
Sevgi ile konfor aynı şey değildir.

Sevgi, çocuğu her an rahat ettirmek değil; ihtiyaç duyduğu çerçeveyi sunabilmektir. Konfor ise çoğu zaman anlıktır ve yetişkinin suçluluk duygusunu yatıştırır.

*Modern Ebeveynliğin En Büyük Zorluğu

Modern ebeveynlik, önceki kuşaklardan farklı olarak sadece çocuğun davranışını değil; duygularını da korumayı hedefler. Bu, önemli ve değerli bir değişimdir. Ancak bu hassasiyet, zaman zaman yetişkinleri zor bir ikilemin içine sokar. Çocuğu incitmemek ile onu hayata hazırlamak arasında bir denge kurmak gerekir. Bir yandan çocuğun üzülmesini istemezler, diğer yandan sınırların gerekli olduğunu bilirler. Tam da bu noktada birçok yetişkin, sevgiyi korumak adına sınırdan geri adım atabilir. Oysa çocuk için en güven verici olan şey, sevgi ile sınır arasında bir seçim yapılması değil; her ikisinin aynı anda var olabilmesidir.

İyi Niyet Ne Zaman Sınırı Aşar?

Sınır koymamak çoğu zaman "iyi ebeveynlik" gibi hissedilir. Çocuğun istediğine "tamam" demek, tartışmadan kaçınmak, ortamı yumuşatmak kısa vadede rahatlatıcıdır. Ancak bu rahatlık çoğu zaman yetişkin içindir. Özellikle ebeveynler ya da çocukla ilgilenen yetişkinler zorlandıklarında taviz vermeye daha meyilli olurlar. Çünkü o anki durumu kurtarmak öncelikli hâle gelir; çocuğun istediğine izin vermek, onunla mücadele etmekten daha kolay görünür. Mazeretler ise genellikle ortamda huzursuzluk çıkmaması, işi bir an önce bitirmek, çevredeki insanları rahatsız etmemek ya da mahcup olmamak gibi gerekçelere dayanır.

Çocuk ise bu tabloyu yetişkin gibi okumaz. O, "annem yorgun", "öğretmenim zorlandı" diye düşünmez. Daha çok şunu öğrenir: Israr edersem sınır değişebilir. Zorladığımda geri adım atılabiliyor. *Böylece sınırın kendisine değil, yetişkinin dayanma süresine odaklanır*. Bu da sınırın anlamını zayıflatır.

Böylece çocuk açısından bakıldığında sürekli değişen, ertelenen ya da geri çekilen sınırlar kafa karışıklığı yaratır. Çocuk, neyin gerçekten önemli olduğunu değil; **ne zaman vazgeçileceğini** öğrenmeye başlar.

Bu noktada sevgi, farkında olmadan sınırların yerini almaya çalışır. Oysa sevgi, sınırların alternatifi değil; **onların dayanağıdır**.

Suçluluk Duygusuyla Ebeveynlik

Yeni nesil ebeveynliğin en belirgin duygularından biri suçluluktur. Çalışan ebeveynler, boşanmış aileler, zorlayıcı yaşam koşulları... Tüm bunlar yetişkinlerin "telafi etme" refleksini güçlendirir.

Bu telafi çabası bazen şu cümlelerle görünür hâle gelir:
"Zaten zorlanıyor."
"Bugünlük karışmayayım."
"Şimdi sınır koyarsam daha çok üzülür."

Ancak suçluluk duygusuyla verilen kararlar, çoğu zaman netlikten uzak olur. Çocuk bu netlik eksikliğini sezdiğinde sınırı daha fazla zorlar. Bu da yetişkinin suçluluğunu azaltmaz; aksine artırır.

Böylece sevgi, suçluluk ve sınır arasında dönen bir kısır döngü oluşur.

Sınır Koymak Sevgiyi Azaltır mı?

Bu soru, yetişkinlerin zihninde en çok dolaşan sorulardan biridir.
Cevap nettir: **Hayır.**

Sınır koymak sevgiyi azaltmaz; ilişkiyi daha güvenli hâle getirir. Çocuk, sınırların olduğu bir ilişkide ne bekleyeceğini bilir. Bu da yetişkine duyulan güveni artırır.

Sevgiyle kurulan sınırlar:

- Açıklanabilir
- Tutarlı
- Yaşa uygun olur.

Bu tür sınırlar, çocuğun kendini değerli hissetmesine engel olmaz; aksine "önemseniyorum" mesajı verir.

Sınır Olmadan Sevgi Ne Olur?

Sınırların olmadığı bir ortamda sevgi, yönsüz kalır. Çocuk her isteğinin kabul edildiği bir ilişkide kendini güçlü değil; **kararsız** hisseder. Çünkü nerede duracağını bilemez.

Bu durum özellikle 8–15 yaş aralığında daha görünür hâle gelir. Çocuk, sınırı dışarıdan değil içeriden kurabilmek için önce dışarıdan tutarlı bir çerçeveye ihtiyaç duyar.

Sınır yokluğunda ortaya çıkan davranışlar çoğu zaman "şımarıklık" olarak etiketlenir. Oysa bu davranışlar, çoğu zaman **rehbersizlik** belirtisidir.

Bu Ara Bölümden Notlar

- Sevgi, çocuğu her an rahat ettirmek anlamına gelmez.
- Sınır koymamak çoğu zaman çocuğu değil, yetişkini rahatlatır.
- Suçluluk duygusuyla verilen kararlar netliği zayıflatır.
- Sevgiyle kurulan sınırlar ilişkiyi zedelemez, güçlendirir.
- Sınırların olmadığı yerde çocuk yönünü kaybedebilir.

BÖLÜM 2

Çocuk Gelişiminde Sınırların Psikolojik Önemi

Çocuklarımız için koyduğumuz sınırlar çoğu zaman basit bir "düzen sağlama" aracı gibi görünür. "Evde kaos olmasın", "herkes yerini bilsin" diye düşünürüz. Oysa sınırların çocuk açısından çok daha derin, çok daha köklü bir işlevi vardır; bu işlev, çocuğun dünyayı anlamlandırmasına, kendini konumlandırmasına rehberlik eder.

Sınırlar Çocuğa Ne Kazandırır?

Sınırlar çoğu zaman yetişkinler için bir düzenleme aracı gibi görülür. "Evde düzen olsun", "okulda kurallar işlesin", "herkes yerini bilsin" gibi gerekçelerle konur. Oysa sınırların çocuk açısından çok daha derin bir işlevi vardır.
Sınırlar, çocuğun dünyayı anlamlandırmasına yardımcı olur.

8–15 yaş arası çocuklar hem iç dünyalarında hem de sosyal çevrelerinde yoğun bir değişim yaşar. Duyguları daha güçlüdür; bir anda gökyüzü kadar geniş hayaller kurarken ertesi gün en ufak hayal kırıklığında yerle bir olabilirler. Düşünceleri hızla çeşitlenir; dün katı kurallara boyun eğen çocuk bugün her şeyi sorgulamaya başlar. Başkalarının beklentileriyle kendi istekleri arasında sıkışır; arkadaş grubunun "herkes yapıyor" baskısı ile aile değerleri arasında denge kurmaya çalışır.

Bu karmaşanın içinde sınırlar çocuğa sessizce şunu söyler:
"*Bu karmaşada yalnız değilsin.*"

Sınır, çocuğun önünü kesen bir duvar değil; yolunu tarif eden bir işarettir. Çocuğa "Dur" demeden önce "Yön" verir. Bu yaş grubunda sınırlar, çocuğun hem kendini hem çevresini okumasını sağlayan bir pusula gibidir.

Ebeveyn İçin Hızlı Uygulama 1: Sınır Günlüğü

3 gün boyunca çocuğunuzun hangi durumlarda sınır aradığını not edin:

- "Telefon ne zaman kapanıyor?"
- "Dışarı ne zaman çıkabilirim?"
- "Kavga edince ne olacak?"
  Bu notlar, evdeki belirsizlik haritanızı çıkarır.

8–15 Yaş Arası: Ne Küçük Çocuk, Ne Yetişkin

Bu yaş aralığı çoğu zaman yanlış anlaşılır. Çocuk artık "büyüdü" sanılır ama hâlâ yoğun rehberliğe ihtiyaç duyar.

8–10 yaş: Kuralları anlamak ister, adalet duygusu gelişir. "Neden bana değil de ona?" sorusu sık sorulur. Bu yaşta çocuk kuralların mantığını kavrayabilir ama duygusal olarak hâlâ ebeveyn onayı arar.

11–13 yaş: Sorgular, karşı çıkar, sınırları test eder. Arkadaş grubu ön plana çıkar, "Ama arkadaşlarım..." cümlesi başlar. Bu dönemde çocuk bağımsızlığını ilan eder ama içten içe hâlâ "Beni tutan var mı?" diye yoklar.

14–15 yaş: Bağımsızlık ihtiyacı zirve yapar ama duygusal düzenleme hâlâ kırılgandır. Büyük laflar eder, erken yetişkin rolüne bürünür ama en ufak engelde duygusal fırtına kopar.

Bu dönemlerin ortak noktası şudur:
Çocuk, sınırın kaldırılmasını değil; anlamlı ve tutarlı olmasını ister.

Sınırların tamamen esnek olduğu ortamlarda çocuk kendini özgür değil, kararsız hisseder. "Bugün izin verdi, yarın kızacak mı?" sorusu zihnini meşgul eder. Bu belirsizlik çoğu zaman asi davranışların, çatışmaların ve güvensizliğin kaynağıdır.

Gerçek Hayat Örneği 1: Can'ın Sınır Testleri

13 yaşındaki Can'ın en sık kullandığı cümle şuydu: "Ama arkadaşlarım yapıyor..." Bu cümle bazen telefon, bazen oyun, bazen de dışarı çıkmak bazen de bir şeyler satın almak için tekrar ediyordu. Babası ise duruma göre farklı tepkiler veriyordu; bir gün "Tamam, bu seferlik olsun" diyor, başka bir gün "Hayır" diyordu. Bu durum Can'ın kafasını karıştırıyordu. Çünkü onun için mesele sadece izin almak değil, sınırın nerede olduğunu anlamaktı. Bu yüzden aynı konuları tekrar tekrar gündeme getiriyor, aslında sınırı test ediyordu.

Zamanla bu durum bir alışkanlığa dönüştü. Can her gün yeniden denemeye başladı. Bu çoğu zaman "inat" gibi görünse de, aslında belirsiz bir sistemi anlamaya çalışmaktı. Çünkü sınırlar net olmadığında bu durum sıkça yaşanır.

Can'ın babası yaklaşımını değiştirdi ve daha net bir çerçeve oluşturdu: "Arkadaşların hafta sonu ne yapıyorsa, biz de hafta sonu onu yapabiliriz. Ama hafta içi ödev öncelikli." Başlangıçta itiraz etse de, tutarlılık devam edince yaklaşık bir ay sonra Can'ın zihninde şu oturdu: "En azından ne bekleyeceğimi biliyorum."

Bu örnek şunu gösterir: Çocuklar çoğu zaman sınırları zorladıkları için değil, sınırın nerede olduğunu anlamadıkları için tekrar ederler.

Sınır ve Duygusal Güven İlişkisi

Çocuğun kendini güvende hissetmesi için her zaman mutlu olması gerekmez. Ama neyle karşılaşacağını bilmesi gerekir.

Net sınırlar çocuğa dünyanın tamamen sınırsız olmadığını öğretir. Bu ilk başta kısıtlama gibi görünse de aslında büyük rahatlama sağlar. Çocuk bilir ki: "Hata yapsam bile ortada bir çerçeve var, tamamen kaybolmam."

Belirsizlik arttığında çocuk:

- Daha çok sınır test eder ("Bakalım bugün ne diyecek?")
- Daha sık çatışmaya girer ("Dün izin vermiştin!")
- Daha fazla "zor" davranış sergiler ("Madem belli değil, istediğimi yapayım")

Bu davranışlar çoğu zaman "inatçı", "saygısız" diye etiketlenir. Oysa çocuk aslında şunu sormaktadır:
"Beni tutan bir şey var mı?"

Sınır, çocuğa "hayır" demekten önce şu mesajı verir: "Buradayım."

Ebeveyn İçin Hızlı Uygulama 2: Güven Testi

Çocuğunuzun test ettiği 1 kuralı seçin. 7 gün aynı tepkiyi verin:
"Telefon 21:00'de kapanır"
Sonuç: Test biter, güven başlar.

"Hayır" Kelimesinin Psikolojik Karşılığı

"Hayır" kelimesi yetişkinleri genellikle zorlar. Çocuğun hayal kırıklığı yaşamasına tanık olmak suçluluk duygusunu tetikler. Bu yüzden "hayır" ya ertelenir ("Sonra konuşuruz"), ya yumuşatılarak etkisiz hale getirilir ("Ama çabuk yap") ya da tamamen unutulur.

Oysa "hayır":

- Reddetmek değildir,
- Sevgiyi geri çekmek değildir,
- İlişkiyi bitirmek değildir.

Sağlıklı bir "hayır", çocuğa şu bilgiyi verir:
"Her isteğim gerçekleşmeyebilir ama duygum görülür."

Örnek: 13 yaşındaki çocuğun hafta içi geç saate kadar dışarıda kalma isteğine:
"Hafta sonuna saklayalım, okul sabahı erken kalkıyorsun. Yarın plan yapalım mı?"

Bu yanıt hem sınırı koyar hem çocuğu reddetmez. Sorun "hayır" demek değil, "hayır" derken çocuğu yalnız bırakmaktır.

Gerçek Hayat Örneği 2: Ece'nin Dışarı Çıkma Krizi

Ece her akşam "Arkadaşlarım dışarıda, ben niye evdeyim?" diyordu. Annesi "Çıkma" deyince Ece ağlıyordu.

Örnek cevap: *"Hafta içi en geç 18:00'e kadar. Cumartesi öğleden sonra akşama kadar serbestsin. Yarın arkadaşlarınla ne yapacaksınız?"*
Ece ağladı ama ertesi gün saat 18:55'te kapıdaydı.

Sınırlar Gelişimi Durdurur mu?

Bu soru çok sık sorulur. Cevap nettir: Hayır.
Sınırlar gelişimi durdurmaz; ileriye taşır.

Çocuğun kendini denemesi, hata yapması, zorlanması gelişimin parçasıdır. Ancak bu deneyimler sınırlarla çevrili olduğunda anlam kazanır. Sınır olmayan yerde çocuk ya çok erken yorulur ("Ne yapsam olmuyor") ya da tamamen yönsüz kalır ("Ne istersem yaparım").

Gelişimi destekleyen sınırlar:

- Açıklanabilir: "Neden?" sorusuna mantıklı cevap
- Tutarlı: Her gün aynı yerden gelir
- Yaşa uygun: 8 yaşındaki için farklı, 15 yaşındaki için farklı
- İlişkiyi koruyan: "Seni reddetmiyorum, davranışına sınır koyuyorum"

Sınır, çocuğun özgürce uçabileceği gökyüzünün sınırlarını çizer. Ne kadar geniş olursa olsun, o sınırlar olmadan çocuk kaybolur.

Ebeveyn İçin Hızlı Uygulama 3: Sınır Kalitesi Kontrolü

Son koyduğunuz 3 sınırı değerlendirin:

- ➔ Açıklanabilir mi?
- ➔ Tutarlı mı?
- ➔ Yaşına uygun mu?
  Bu şartları sağlamıyorsa → Yeniden tasarlayın.

Gerçek Hayat Örneği 3: Mert'in Gitar Provası

14 yaşındaki Mert gitar provalarıyla evi inletiyordu. Babası önce "Sessiz ol" sonra "Tamam çal" diyordu.

Yeni kural: *"Hafta içi 19:00-19:30 prova zamanı. Komşuları rahatsız etmeyecek şekilde."*
Mert hem gitarını çaldı hem ev düzeni korundu. Sınır tutkusunu engellemedi; yönlendirdi.

Bu Bölümden Notlar

- Sınırlar çocuğun dünyayı anlamasına yardım eder. Kaos içinde pusula gibidir.
- 8–15 yaş arası çocuklar sınırdan çok belirsizlikte zorlanır. Test ettikleri şey sevginiz değil, varlığınız.
- "Hayır" sevgisizlik değil, netliktir. Çocuğu reddetmez, yönlendirir.
- Güven, sınırsızlıkla değil; öngörülebilirlikle oluşur. Çocuğunuzun en çok ihtiyacı olan şey budur.
- Sınırlar gelişimi durdurmaz; güvenli deneme alanı yaratır.

Sınırlar Yanlış Koyulduğunda Çocukta Psikolojik Etkiler

1. Aşırı Katı Sınırlar → Korku ve İsyankârlık
"Her şeye hayır" evinde çocuk ya tamamen susar (içe kapanır) ya da patlar (asi olur).
Sonuç: Duygularını bastırır, öfkesini biriktirir, ilişkilerde mesafe koyar.

2. Belirsiz Sınırlar → Kaygı ve Manipülasyon
"Bugün evet, yarın hayır" evinde çocuk ne bekleyeceğini bilemez.
Sonuç: Sürekli test eder, ağlayarak/iteleyerek istediğini alır, güvensiz hisseder.

3. Duygusuz Sınırlar → Yalnızlık Hissi
"Yapma! Otur!" (duygu yok sayılır)
Sonuç: "Beni gören yok" hissi, duygularını bastırma, ilişkilerde zorlanma.

4. Tutarsız Sınırlar → Güvensizlik
Anne "tamam", baba "hayır"
Sonuç: Yetişkine güvenmez, kuralları ciddiye almaz.

Ebeveynler Sınır Koyarken Nelere Dikkat Etmeli?

- DOĞRU YAKLAŞIM (3 Altın Kural):

1. Net + Kısa: "Telefon 21:00'de kapanır" (açıklayın ama uzatmayın)
2. Tutarlı: Her gün aynı saatte, aynı tonda
3. Duygusal Bağlantı: "Oyun güzel ama şimdi ödev zamanı"

❖ YAYGIN HATALAR:

- Tehdit: "Bir daha yaparsan ....!" → Korku yaratır
- Pazarlık: "5 dakika daha?" → Sınır erir
- Suçlama: "Yine mi yaramazlık?" → Öfke büyür

Sınır İhlallerinde Ne Yapılmalı? (3 Adım)

ADIM 1: Sakin Kalın
(Çocuk öfkelendiğinde siz sakin olursanız, beyni "güvenli" sinyali alır ve kendini iletişime kapatmaz)

ADIM 2: Doğal Sonuç Uygulayın

- Telefon kuralı ihlal → Telefon toplanır (1 gün)
- Yatma saati kaçtı → Ertesi gün erken kalkış

ADIM 3: Sakinleşince Konuşun
"Dün sinirlendin, anlıyorum. Telefonu erken kapattık çünkü kuralımız bu. Bir dahaki sefere ne yapalım?"

Hızlı Kontrol Listesi

Sınır koyarken sorun yaşıyorsanız işaretleyin:
□ Duyguyu görmedim
□ Açıklama uzundu
□ Tutarsızdım
□ Tehdit ettim
□ Alternatif sunmadım

Bu Hafta Deneyin

1 ihlal → 3 adım uygulayın → Sonucu not alın
Örnek: "Telefon kuralı kırıldı → Sakin kaldım → Telefon topladım → Sabah konuştuk"

BÖLÜM 3

Geleneksel Disiplin Anlayışı ve Bugünkü Etkileri

Bu Noktaya Nasıl Geldik?

Bugün disiplinle ilgili yaşanan kafa karışıklığı bir tesadüf değil. Bu durum, ebeveynlerin ya da eğitimcilerin yeterince çaba göstermemesinden de kaynaklanmıyor.

Mesele aslında disiplin kavramının uzun yıllar boyunca nasıl ele alındığı ve hangi amaçla kullanıldığıyla ilgili.
Disiplin, çoğu zaman çocuğun gelişimini destekleyen bir rehberlik alanı olarak değil; düzeni sağlamak, kontrolü korumak ve otoriteyi sürdürmek için kullanılan bir araç olarak konumlandırıldı.

Tarih boyunca bu anlayış farklı kültürlerde farklı şekiller aldı. Osmanlı'da Enderun'da disiplin, devletin bekası için bir ahlak inşaasıydı. Batı'da endüstri devrimi ile fabrika düzeni gibi sınıf disiplini ön plana çıktı. Her iki durumda da çocuk, sistemin dişlisiydi; bireysel gelişimi değil, uyum yeteneği ölçülüyordu.

Bu bakış açısı, farkında olmadan bugünkü anlayışımızın zeminini oluşturdu.
Bu nedenle bugün birçok yetişkin, disiplin uygularken içten içe bir çatışma yaşıyor. Bir yanda kendi çocukluğundan taşıdığı sert ve kontrol odaklı örnekler, diğer yanda bunları tekrar etmek istememe çabası var.

Örneğin anneler sıklıkla şöyle der:
"Babam öyle yapardı, ben de öyle gördüm. Ama çocuğuma yapınca içim el vermiyor."

Ortada kalan şey ise çoğu zaman netliği zayıflamış, tutarsızlaşmış ya da sürekli sorgulanan sınırlar oluyor.
Disiplinin neden bu kadar zor ve yıpratıcı bir konu hâline geldiğini anlamak için, önce bu geçmiş mirası görünür kılmak gerekiyor.

Kendi Disiplin Hikayen

3 dakika ayır, şunları not et:

- İlk disiplin anın neydi? Kaç yaşındaydın?
- En çok hangi ceza aklında kaldı?Sana hissettirdikleri neydi?
- O cezadan sonra konuşuldu mu, yoksa unutuldu mu?

Bu notlar, bugün kullandığın disiplin dilinin köken haritasıdır.

Disiplinin Kontrolle Özdeşleşmesi

Geleneksel anlayışta disiplin, çoğu zaman "kontrol" kelimesiyle yan yana durur. Sessiz sınıf, kurallara itaat eden çocuklar, öğretmeni sorgulamayan öğrenciler bu anlayışın ideal sonucudur.

20. yüzyıl okul fotoğraflarında bunu görürsün: Eller masada, bakışlar önde, sırtlar dimdik. Evde de "ağzı açılmayan çocuk" ideal kabul edilirdi.

Bu yaklaşım kısa vadede işe yarar gibi görünür. Ortam sakinleşir, düzen sağlanır. Ancak bu sakinlik, çocuğun sınırı anladığı için değil; yaptırımdan kaçındığı için oluşur.

Bu noktada önemli bir ayrım vardır:
Kontrol edilen çocuk, neyin doğru olduğunu değil; ne zaman yakalanacağını öğrenir.

Psikoloji literatüründe bu "dışsal denetim" olarak geçer. Çocuk davranışını kendi değerleriyle değil, gözetim radarına göre ayarlarsa içsel pusula gelişmez.

Bugün bu kontrol merkezli deneyimler, yetişkinlerin ya disiplin kelimesine mesafeli durmasına ya da tam tersine, hemen her şeyi kontrol etme refleksi geliştiren; kendilerine uygulanmış disiplini başkalarına da uygulamaya çalışan bireylere dönüşmesine zemin hazırlar.

3 Tip Kontrol Çocuğu

Kontrol altındaki çocuklar genelde üç yola savrulur:

Sessiz Kaygılı: Hata yapma korkusuyla hep tetikte kalır.

Ortama Göre Değişen: Yetişkin varken uslu, gözetim kalkınca bambaşka olur.

Sınırları Reddeden: Her kurala savaş açar, otoriteyi tanımaz.

***Hepsinin ortak noktası**: Kendi iradesini değil, dış denetimi dinler.

"Ben Böyle Büyüdüm" Cümlesinin Taşıdığı Yük

Disiplin konuşulurken sıkça duyulan bir cümle vardır:
"Biz böyle büyüdük, bir şey olmadı, gayet de iyiydi."

Bu cümle, çoğu zaman iyi niyetle söylenir. Ancak içinde önemli bir çelişki barındırır. Çünkü "bir şey olmadı" denilen yerde, çoğu zaman şunlar vardır:

- Duygularını ifade etmekte zorlanan yetişkinler (bugün terapi koltuklarında)
- Hata yapmaktan aşırı korkan çocuklar (bugün mükemmeliyetçiler)
- Otoriteyle ilişkisi ya çok sert ya çok mesafeli bireyler (bugün patron-as çalışan çatışmasında)

Aile yemeklerinde herkes "dayak yedik, kabadayı olduk" der; yani geçmişte yaşanan sert ve otoriter disiplinin kendilerini güçlü ve dayanıklı yaptığını dile getirir.. Ama ertesi gün herkes kendi evliliğinde, işinde, arkadaşlığında aynı sertlik mi yumuşaklık mı ikilemini yaşar.

Bu miras, bugünkü ebeveynleri iki uçtan birine iter:
Ya çareyi aynı sertliği tekrar etmekte bulurlar,
ya da bunun tam tersine savrulup sınır koymaktan tamamen kaçınırlar.

Bölüm 1 ve 2'de anlatılan belirsizlik tam olarak burada başlar.

Cümlenin Psikolojisi

"Bir şey olmadı" demek aslında şunu kabul etmemektir:
"Evet, hayatta kaldım. Ama duygusal olarak ne kadar yara aldığımı fark etmedim."

Çünkü insan bazen iyileşmez, sadece alışır. Ve iyileştiğini sandığımız şeyler, aslında sadece konuşulmamıştır.

Pratik Test

Son 1 ayda hangi disiplin anında bu cümleyi içinden geçirdin?
O anda alternatif ne olabilirdi?

Ceza–Ödül Döngüsü Neyi Öğretti?

Geleneksel disiplin anlayışının en güçlü araçlarından biri ceza–ödül sistemidir. Bu sistemde davranışın kendisi değil; sonucu merkezdedir.

Çocuk şunu öğrenir:
Doğru davranırsam ödül alırım.
Yanlış davranırsam ceza görürüm.

Bu yaklaşım, davranışın arkasındaki niyeti, duyguyu ya da öğrenme sürecini ikinci plana iter. Çocuk için asıl soru şu olur:
"Bu bana ne kazandırır ya da ne kaybettirir?"

Bu bakış açısı, içsel sorumluluk gelişimini zayıflatır. Çocuk, sınırı kendi içinde kurmak yerine dışarıdan gelen işaretlere bağımlı hâle gelir.

Örneğin; 10 yaşındaki bir çocuğun ödevini yaptığı her gün yıldız kazanması, belirli sayıda yıldız topladığında ise ödüllendirilmesi sık kullanılan bir yöntemdir. Bu sistem ilk bakışta işe yarıyor gibi görünür; çocuk ödevini yapar, sorun çıkmaz.

Ancak bir süre sonra çocuk için asıl soru ödevin kendisi değil, yıldızın gelip gelmeyeceği olur. Yıldız ya da ödül ortadan kalktığında ise davranışın devam etmesi zorlaşır. Çocuk, "yapmam gereken" ile değil, "karşılığında ne alacağım" ile ilgilenmeye başlar. Böylece sorumluluk duygusu içeriden değil, dışarıdan beslenen bir alışkanlığa dönüşür.

10 yaşındaki Ela ödev yapınca yıldız alır, 10 yıldızda dondurma. İlk hafta harika: Ödev biter, ev huzurlu.
Sonra? Yıldız gecikince surat, ödül unutulunca grev.
"Yapmam gereken" değil, "ne kazanacağım" yönetir.

Sistem bitince davranış da biter. Sorumluluk dışarıdan pompalanmış bir lastik olur.

Yıldız Tablosunun 3 Aşaması

1. Heyecan (1-2 ay): Her yıldız coşku.
2. Bağımlılık (3-6 ay): Yıldızsız ödev yapılmaz.
3. Çöküş (6+ ay): Sistem bitince davranış biter.

Gizli Mesajlar

Ceza-ödül fısıldar:

- "Değerim performansımla ölçülür."
- "Yakalanmazsam serbestim."
- "Hata = değersizlik."

Yetişkinlikte: Sürekli onay arayan, gizli sabotajcı* ya da mükemmeliyetçi tipler.

*"**Gizli sabotajcı**" ifadesi mecaz bir anlatımdır ve genelde şunu ifade eder:
Kişinin farkında olmadan kendine zarar veren düşünce, inanç ya da davranışları
Bir insan aslında iyi bir şey yapmak ister ama içindeki bazı kalıplar onu engeller.
Örneğin:

- **Sakin kalmak ister → ama bir anda patlar**
- **Tutarlı olmak ister → ama geri adım atar**
- **Sınır koymak ister → ama suçluluk hisseder**

Uzun Vadeli Etki

Yetişkinlikte "motivasyon kaynaklı" tükenmişlik, sürekli dış onay arayışı, başarısızlık korkusu...

Bütün bunların yanında ceza–ödül yöntemlerinin tamamen reddedilmesi gerekmez. Özellikle içsel sorumluluk bilinci henüz gelişmemiş çocuklarda, bu yöntemler başlangıçta geçici bir destek işlevi görebilir ve faydalı olabilir.

Ancak asıl hedef, çocuğun davranışı dış bir ödül için değil, kendi sorumluluğu olarak yapmaya başlamasıdır. Bu nedenle ceza–ödül yaklaşımından, davranışın anlamının konuşulduğu ve sorumluluğun çocuğa kademeli olarak devredildiği bir sürece adım adım geçilmesi önemlidir.

Geçiş Örneği:
Yıldız ödülü → "Bu ödev sana yarın ne kazandıracak?" → "Sence bunu neden yapıyoruz?"

Okul Disiplini, Ev Disiplini ve Kopukluk

Bir diğer önemli etki, okul ve ev arasında kurulan kopuk disiplindir. Geleneksel yaklaşımda okul disiplini, evden bağımsız bir alan gibi ele alınmıştır. Öğretmen otoritedir, sınıf kuralları tartışılmazdır.
Ev ise ya bu kuralları desteklemiş ya da tamamen başka bir dil konuşmuştur.

Bu kopukluk, çocuğun kafasında şu soruyu doğurur:
"Hangi yerde hangi kurala uymalıyım?"

Bu soru cevapsız kaldığında çocuk, kurala değil; duruma göre hareket etmeyi öğrenir. Bu da yetişkinlerin "tutarsız" diye tanımladığı davranışların temelini oluşturur. Çünkü çocuk için artık belirleyici olan neyin doğru olduğu değil, kiminle, ne zaman ve hangi ortamda olduğudur. Bu durumda çocuk zamanla sınırları içselleştirmeyi değil, boşlukları kollamayı öğrenir.

Klasik Çifte Hayat Örneği

- Okul: Öğretmen varken çok uyumlu, teneffüste kontrolsüz, kural tanımayan
- Ev: Annenin yanında daha özgür, baba olduğunda daha kontrollü

Ev-Okul Çelişkisi Testi

□ Öğretmenden duyduğun şikayeti evde farklı mı yorumluyorsun?
□ Ev kuralı okulda işlemiyor mu?
□ Çocuğun "öğretmen öyle demiyor" diyor mu?

Bu Noktada Ceza–Ödül Döngüsü Neyi Öğretti? (devam)
Okul ve ev arasındaki tutarlılığı sağlamak için öncelikle "aynı kurallar"dan çok, "aynı yaklaşımın" hedeflenmesi gerekir. Evde ve okulda her ayrıntının birebir aynı olması mümkün değildir; ancak çocuğa verilen temel mesajlar örtüşmelidir.

Örneğin saygısız konuşmanın kabul edilmediği, sorumlulukların hatırlatıldığı ve sınır ihlallerinin sonuçlarının konuşulduğu bir dil hem evde hem okulda benzer şekilde kurulabildiğinde çocuk için dünya daha anlaşılır hâle gelir. Düzenli iletişim, ortak beklentilerin açıkça konuşulması ve çocuğun farklı ortamlarda farklı kişiler tarafından tamamen zıt mesajlar almamasına dikkat edilmesi, bu tutarlılığın en önemli adımlarındandır.

Pratik Çözüm:
Aylık 10 dakikalık "ev-okul uyum" konuşması yapın.
"Ödev için biz evde şöyle yapıyoruz, sizde nasıl?"

Bu Bölümden Notlar

- Disiplin uzun süre çocuğun gelişiminden çok, düzen ve kontrol aracı olarak ele alındı.
- Bu kontrol merkezli miras, yetişkinleri ya sertliğe ya da sınır koymaktan kaçınmaya itebiliyor.
- Ceza–ödül yaklaşımları kısa vadede işe yarasa da, içsel sorumluluğu tek başına geliştirmiyor.
- Okul ve ev arasındaki tutarsızlık, çocuğun kuralları değil boşlukları takip etmesine yol açabiliyor.
- Disiplini zorlaştıran şey çoğu zaman çocuklar değil, taşınan eski yaklaşımlar oluyor.

Disiplin ve Çocuk Üzerindeki Etkilerine Dair Bilimsel Bulgular

1. Sert disiplin ve çocuk ruh sağlığı

Farklı ülkelerden çok sayıda çocuğun takip edildiği çalışmalar, sert ve cezacı disiplinin çocukları duygusal ve davranışsal olarak zorladığını gösteriyor.

- 60 ülkeden 229 binden fazla çocuğun incelendiği bir araştırmada; bağırma, tehdit, utandırma ve fiziksel cezaların, çocuklarda daha fazla saldırganlık, dikkat sorunları ve davranış problemleriyle ilişkili olduğu bulundu (Lansford ve ark., 2023).
- Aynı çalışmada, çocuğa neyin neden kabul edilmediğini açıklayan, yani gerekçe sunan disiplinin, daha az problem davranış ve daha fazla paylaşma, yardım etme gibi olumlu sosyal davranışlarla bağlantılı olduğu görüldü.
- Ebeveynlik stillerini bir araya getiren derlemeler de, yüksek baskı ve düşük duygusal yakınlık içeren "otoriter" disiplinin; hem içe kapanma ve kaygı, hem de öfke ve saldırganlık gibi sorunlarla ilişkilendiğini gösteriyor.

Bu bulgular, sert ve kontrol odaklı disiplinin kısa vadede sessizlik sağlasa da, uzun vadede çocuğun ruh sağlığını zorlayabildiğini gösteriyor.

2.Sıcaklık ve net sınırların koruyucu rolü

Araştırmalar, sevgi ve ilginin net sınırlarla birleştiği bir ebeveynlik tarzının çocuk için koruyucu olduğunu vurguluyor.

- Çok sayıda çalışmanın birlikte incelendiği meta-analizler; sıcak, ilgili ve aynı zamanda tutarlı sınırlar koyan "yetkin" (authoritative) ebeveynliğin, çocuk ve ergenlerde daha düşük kaygı, depresif belirtiler ve davranış problemleriyle ilişkili olduğunu ortaya koyuyor (Pinquart, 2017; Pinquart, 2023).

- Buna karşılık, psikolojik baskı (suçluluk hissettirme, utandırma, manipüle etme) ve aşırı sert kontrol kullanılan ailelerde bu sorunların daha sık görüldüğü bildiriliyor.

Özetle; çocuk için en rahatlatıcı olan, hem görüldüğünü hissettiği hem de sınırların öngörülebilir olduğu bir ilişki ortamı.

3.Ceza–ödül sistemleri ve içsel motivasyon

Ödül ve ceza, davranışı kısa süreli değiştirebilir; ancak araştırmalar uzun vadede farklı bir tabloya işaret ediyor.

- Eğitim alanındaki geniş bir meta-analiz, özellikle somut ödüllerin (yıldız, hediye, para gibi), çocuk zaten ilgi duyduğu bir etkinliği yapıyorken verildiğinde, zamanla içsel motivasyonu azaltabildiğini gösteriyor (Deci, Koestner & Ryan, 2001).
- Aynı çalışmalar, "kontrol edici" tarzda verilen ödül ve övgünün (sadece yetişkini memnun etmeye odaklı geri bildirim) davranışı dışsal onaya bağladığını; buna karşılık, çabanın ve sürecin görüldüğü, bilgilendirici geri bildirimin içsel motivasyonu daha iyi koruduğunu gösteriyor.
- Güncel derlemeler, ödül/cezanın davranışı artırsa bile, ödül ortadan kalktığında bu davranışın sürmesinin zorlaştığını; davranışın anlamı ve sonuçları üzerine konuşmanın içsel sorumluluğu daha iyi desteklediğini vurguluyor.

Bu nedenle, ödül ve ceza tamamen terk edilmese bile, odak noktayı çocuğun "neden" yaptığını konuşmaya kaydırmak önemli.

4. Tutarlılık, belirsizlik ve kaygı

Ebeveyn tutarlılığı ve sınırların öngörülebilir olması da araştırma konusu.

- Tutarsız disiplin (aynı davranışa bir gün izin verilmesi, ertesi gün ceza verilmesi; anne ve babanın farklı şey söylemesi), çocuk ve ergenlerde daha yüksek kaygı, daha fazla davranış problemi ve zayıf özdenetimle bağlantılı bulunuyor.
- Duygu düzenleme üzerine yapılan çalışmalar; duygusal olarak sıcak ama sınırları net ve öngörülebilir aile ortamlarının, çocuğun kendi duygusunu tanıma ve sakinleşme becerisini güçlendirdiğini; kaotik ve tahmin edilemeyen ortamlarda bu becerilerin zorlandığını gösteriyor.

5. Disiplin biçimi ve sosyal ilişkiler

Disiplin, çocuğun sadece ev içindeki davranışlarını değil, akran ilişkilerini de etkiliyor.

- Lansford ve arkadaşlarının 60 ülkeyi kapsayan çalışmasında, çocuğa davranışının başkalarına etkisini açıklayan ve neden-sonuç ilişkisini kurmasına yardım eden "sözlü gerekçe" kullanımının, çocuklarda daha fazla yardımseverlik, paylaşma ve işbirliğiyle ilişkili olduğu bulundu.
- Aynı veri setinde, bazı cezalandırıcı yöntemlerin (örneğin ayrıcalık geri çekme) sert uygulandığında, daha fazla dikkat dağınıklığı ve daha az prososyal davranışla bağlantılı olabildiği rapor edildi.

Bu bulgular, disiplinin sadece "kurallara uymak" değil, aynı zamanda "ilişki kurmayı öğrenmek" anlamına geldiğini destekliyor.

ARA BÖLÜM

Travma Korkusuyla Sınırları Kaybetmek

Her Hayal Kırıklığı Travma mı?

Son yıllarda ebeveynlik dilinde en sık duyulan kelimelerden biri "travma". Çocuğu incitmemek, yanlış bir iz bırakmamak, ileride psikolojik sorunlara yol açmamak... Bu hassasiyet kıymetlidir. Ancak hassasiyet ile korku birbirine karıştığında, sınır koymak neredeyse riskli bir davranış gibi algılanmaya başlar.

Oysa her hayal kırıklığı travma değildir.
Her "hayır" psikolojik zarar bırakmaz.
Her çatışma çocuğun ruhunda kalıcı bir iz oluşturmaz.

Travma; çocuğun yalnız, çaresiz ve destekten yoksun kaldığı deneyimlerle ilgilidir. Sevgiyle, açıklamayla ve ilişki içinde kurulan bir sınır ise bu kategoriye girmez.

Korumak ile Aşırı Korumak Arasındaki İnce Çizgi

Çocuğu korumak ebeveynliğin doğal bir parçasıdır. Ancak çocuğun yaşayabileceği her rahatsızlığı ortadan kaldırmaya çalışmak, onu hayata karşı hazırlıksız bırakabilir.

Örneğin bir arkadaşlık çatışmasında çocuğun yerine hemen devreye girmek, öğretmeni arayıp her sorunu çözmek ya da en küçük hayal kırıklığında ortamı tamamen değiştirmek, kısa vadede rahatlatıcıdır. Fakat uzun vadede çocuk şu mesajı alabilir:
"*Zorlanırsam biri benim yerime çözer.*" Bu da dayanıklılık becerisinin gelişmesini zorlaştırır.

“Ya Travma Olursa?” Endişesi

Birçok yetişkin sınır koyarken içinden;
“Ya onu kırarsam?”
“Ya ileride bunu hatırlayıp bana öfkelenirse?” soruları geçer.

Bu soruların kendisi, yetişkinin duyarlılığını gösterir. Ancak bu endişe sürekli karar mekanizmasını yönlendirmeye başladığında, sınırlar esnemeye başlar.

Çocuk ise bu esnemeyi, “kırılgan bir ilişki” şeklinde değil; “sınır değişebilir” şeklinde okur. Böylece travmadan korunmaya çalışılırken, belirsizlik artar.

Asıl Risk Nedir?

Travma korkusuyla sınırların zayıfladığı ortamlarda ortaya çıkan asıl risk çoğu zaman şunlardır:

- **Belirsizlik**
- **Tutarsızlık**
- **Yalnız bırakılma**

-Belirsizlik, çocuğun neyin ne zaman değişeceğini bilememesidir.
-Tutarsızlık, aynı davranışa farklı zamanlarda farklı tepkiler verilmesidir.
-Yalnız bırakılma ise çatışma anında çocuğun duygusunun görülmemesidir.

Sevgiyle ve açıklamayla konulan bir sınır bu üç riski azaltır; artırmaz.

Sınır Koymak Travma Yaratır mı?

Net bir şekilde söylemek gerekir:
Duygusu görülen, açıklama yapılan ve ilişki kopmadan kurulan bir sınır travma yaratmaz.

Çocuk hayal kırıklığı yaşayabilir. Üzülebilir. Kızabilir. Ancak bu duygular gelişimin doğal parçalarıdır. Önemli olan, çocuğun bu duygularla yalnız bırakılmamasıdır.

Sınır koymak değil; duyguyu yok saymak ve ilişkiyi kesmek zarar vericidir.

Her Çatışma Travma Değildir

Çatışma, çoğu zaman kaçınılması gereken bir durum gibi görülür. Oysa çocuk gelişiminin önemli bir kısmı, tam da bu küçük gerilim anlarında şekillenir. Bir isteğin reddedilmesi, bir kuralın hatırlatılması ya da bir davranışın sınırlandırılması çocuk için zorlayıcı olabilir. Ancak bu zorlanma, zarar verici değil; öğretici olabilir.

Çocuk, çatışma yaşadığı anlarda iki şeyi öğrenir:
Duygusunun kabul edilebileceğini ve her duygunun her davranışı mümkün kılmadığını.

Bu deneyim, hayatın ilerleyen dönemlerinde karşılaşacağı daha büyük hayal kırıklıkları için bir hazırlık işlevi görür. Eğer çocuk her zorlanma anından uzak tutulursa, gerçek yaşamın kaçınılmaz sınırlarıyla karşılaştığında çok daha sarsılabilir.

Çatışmanın zararlı olup olmamasını belirleyen şey, çatışmanın varlığı değil; nasıl yaşandığıdır.

- Çocuk aşağılanıyorsa,
- duygusu yok sayılıyorsa,
- yalnız bırakılıyorsa,

  çatışma yıpratıcı hâle gelir.

Ama çocuk görülüyorsa,
duygusu adlandırılıyorsa,
ilişki korunuyorsa,
çatışma güvenli bir öğrenme alanına dönüşür.

Bu nedenle mesele çatışmayı tamamen ortadan kaldırmak değil; onu ilişkiyi zedelemeden yönetebilmektir. Çocuk, sınırla karşılaştığında sevginin geri çekilmediğini deneyimlediğinde, hem duygularını düzenlemeyi hem de dış dünyanın kurallarıyla uyum kurmayı öğrenir.

****

Bu Ara Bölümden Notlar

- Her hayal kırıklığı travma değildir.
- Sınır koymak ile duyguyu yok saymak aynı şey değildir.
- Aşırı koruma, dayanıklılığı zayıflatabilir.
- Asıl risk belirsizlik, tutarsızlık ve yalnız bırakmaktır.
- Sevgiyle kurulan sınırlar çocuğu incitmez; güçlendirir.

Çatışma mı Zarar Verir, Belirsizlik mi? Araştırmalar Ne Söylüyor

Çocuk gelişimi üzerine yapılan birçok gözlem ve araştırma, çocukların zorlanma yaşamasının tek başına zarar verici olmadığını gösterir. Asıl belirleyici olan, yetişkinin bu zorlanma anlarında nasıl davrandığıdır.

Psikoloji literatüründe bu durum bazen "güvenli sınır deneyimi" olarak tanımlanır. Çocuk sınırla karşılaşır, zorlanır, ancak ilişki devam eder. Bu deneyim, çocuğun hem duygusal hem davranışsal gelişimini destekler.

Buna karşılık, sınırların sürekli değiştiği, bazen uygulandığı bazen tamamen ortadan kalktığı ortamlarda çocukların daha fazla sınır test ettiği gözlemlenmiştir.

Bu durum günlük hayatta da açıkça görülebilir.

Örneğin bir sınıfta öğretmenin kuralları her zaman aynı şekilde uyguladığı durumlarda, öğrenciler kısa bir süre sonra kuralları daha az zorlamaya başlar. Kurallar ortadan kalktığı için değil; öngörülebilir hâle geldiği için.

Buna karşılık, aynı kuralın bazı günler uygulanıp bazı günler görmezden gelindiği ortamlarda, öğrenciler sürekli sınırı test etmeye devam eder. Çünkü sınırın nerede başlayıp nerede bittiği net değildir.

Benzer bir durum ev ortamında da görülür.

Akşam uyku saati her gün benzer şekilde uygulanan bir çocuk, zamanla bu geçişe daha az direnç gösterir. Ancak uyku saatinin ebeveynin yorgunluğuna, o günkü ruh hâline ya da çocuğun ısrar süresine göre değiştiği durumlarda, direnç daha uzun sürer.

Çocuk burada sadece uyumayı değil; sınırın ne kadar esneyebileceğini öğrenir.

Araştırmaların ortak olarak gösterdiği bir diğer nokta ise şudur: Çocuklar sınırın varlığından değil, sınırın öngörülemez olmasından daha fazla zorlanırlar. Öngörülebilir sınırlar, çocukta kontrol duygusu oluşturur. Kontrol duygusu ise güven duygusunun temelidir.

Bu nedenle gelişimi destekleyen şey, çocuğun hiçbir zaman zorlanmaması değil; zorlanma anlarında bile yetişkinin sakin, tutarlı ve ilişki içinde kalabilmesidir.

BÖLÜM 4

Sevgi Dolu Sınırlar Nasıl Oluşturulur?

Bir çocuğa sınır koymak, çoğu zaman tek bir cümle söylemek gibi görünür.
"Oyuncakları şimdi topluyoruz."
"Tablet süresi bitti."
"Şimdi uyku zamanı."
" Çantanı hazırlama zamanı."

Ancak sınır koymak, yalnızca ne söylendiğiyle ilgili değildir. Nasıl söylendiği, ne zaman söylendiği ve söylendikten sonra nasıl davranıldığı en az cümlenin kendisi kadar belirleyicidir.

Birçok yetişkin sınır koyarken iki uç arasında gidip gelir.
Ya fazla sertleşir ve ilişki zarar görür, ya da ilişki zarar görmesin diye geri çekilir ve sınır belirsizleşir.

Oysa çocukların ihtiyaç duyduğu şey sertlik değil; netliktir.
Ve bu netlik, şefkatle birlikte var olabilir.

Araştırmalar gösteriyor ki, çocuklar kendilerini en güvende hissettikleri ortamlarda hem duygusal olarak kabul edildiklerini hisseder hem de sınırların açık ve tutarlı olduğunu bilirler. Bu iki unsur birlikte olduğunda, sınır dışarıdan dayatılan bir kontrol aracı olmaktan çıkar ve çocuğun iç dünyasında anlam kazanmaya başlar.

Sevgi dolu sınır, çocuğun duygusunu reddetmeden davranışı yönlendirebilmektir.
Bu yaklaşımda amaç çocuğu durdurmak değil; ona kendini nasıl durduracağını öğretmektir.

Netlik ve Şefkat Dengesi

Sınır koyarken yapılan en yaygın hatalardan biri, net olmak ile sert olmak arasında bir seçim yapılması gerektiğini düşünmektir. Oysa netlik sertlik değildir. Netlik, kararlı ve anlaşılır olmaktır.

Şefkat ise sınırı ortadan kaldırmak değil; çocuğun duygusunu görmeye devam etmektir.

Örneğin çocuk parkta kalmak isterken eve gitme zamanı geldiğinde ağlayabilir.

Sert bir yaklaşım şöyle olabilir:
"Yeter artık, hemen geliyorsun."

Sınırı tamamen kaldıran yaklaşım ise şöyle olabilir:
"Tamam, biraz daha kal."

Sevgi dolu ve net bir sınır ise şu şekilde olur:
"Parkta kalmak istediğini biliyorum. Gitmek zor. Ama artık eve gitme zamanı. Yarın tekrar gelebiliriz."

Bu yaklaşımda sınır değişmez.
Ancak çocuk, anlaşılmadığını değil; anlaşıldığını hisseder.

Bu deneyim tekrarlandıkça çocuk şunu öğrenir:
Duygularım kabul ediliyor, ama sınırlar da değişmiyor.

Bu, iç disiplinin temelidir.

Dil, Ton ve Zamanlama

Çocuklar çoğu zaman kelimelerden çok ton ve tutarlılığı algılar. Aynı cümle, farklı bir tonla tamamen farklı bir etki yaratabilir.

"Tablet süresi bitti." cümlesi,

öfkeyle söylendiğinde bir tehdit gibi algılanabilir.
Sakin ve net söylendiğinde ise bir bilgi gibi algılanır.

Araştırmalar, çocukların özellikle erken yaşlarda yetişkinlerin duygusal düzenini referans aldığını gösterir. Yetişkin ne kadar sakin ve net kalabilirse, çocuk da o kadar kolay düzenlenir.

Zamanlama da önemlidir. Sınırlar, mümkün olduğunca önceden ve öngörülebilir şekilde ifade edildiğinde çocuk için daha anlaşılır hale gelir.

Örneğin:

"Beş dakika sonra tablet kapanacak."
"Son bir oyun, sonra çıkıyoruz."

Bu tür geçiş uyarıları, çocuğun zihinsel olarak hazırlanmasına yardımcı olur. Ani kesintiler ise daha fazla direnç oluşturur.

Burada amaç çocuğu ikna etmek değil; süreci öngörülebilir hale getirmektir.

Yeni Bir Kavram: Bağlantılı Geçiş

Bağlantılı geçiş, çocuğun bir etkinlikten diğerine geçerken ani kopuşlar yerine, araya duygusal ve zihinsel bir bağ kurularak sürecin yumuşatılmasıdır. Bu yaklaşımda amaç, çocuğu bulunduğu durumdan zorla çıkarmak değil; onu yeni duruma hazırlayarak geçişi daha kabul edilebilir hâle getirmektir.

Çocuklar genellikle yaptıkları bir şeyi bırakmakta zorlanır. Çünkü o anın içindedirler. Ani bir "bitiriyoruz" müdahalesi, çocukta koparılma hissi oluşturur. Bağlantılı geçişte ise bu kopuş, bir köprü ile yumuşatılır. Bu köprüyü çoğu zaman ebeveynin kendisi kurar.

Örneğin, çocuğunuzu parktan çıkarmadan önce onun oyununa kısa süreli eşlik etmek, yanında bulunmak ve birlikte eğlenmek bu geçişi kolaylaştırır. Bu sayede çocuk, oyundan veya arkadaşlarından zorla koparılıyor gibi hissetmez; sürecin içinde kalarak ayrılığa daha hazır hâle gelir.

Benzer şekilde ekran süresinden ödeve geçişte de ani bir kesme yerine ara bağlar kurulabilir. Ekranı kapatmadan önce kısa bir sohbet etmek, son dakikaları ödev yapılacak ortamda geçirmek ya da izlenen içerikle yapılacak ödev arasında küçük bir ilişki kurmak, çocuğun bu iki durumu "birbirinin alternatifi" olarak görmesini engeller.

Kısacası bağlantılı geçiş, bir durumdan diğerine geçerken araya konulan küçük ama etkili bir uyum sürecidir. Bu sayede çocuk hem duygusal olarak hazırlanır hem de geçişlere daha az direnç gösterir.

◆ Ebeveyn İçin 3 Etkili Uygulama

1. Önceden haber ver (zihinsel hazırlık)
Geçişten birkaç dakika önce bilgi ver:
"5 dakika sonra çıkıyoruz."
Bu, ani kopuş hissini azaltır.

2. Araya bağ kur (duygusal köprü)
Geçişten hemen önce çocuğun dünyasına gir:
oyununa katıl, sohbet et, yanında ol.
Bu, "koparılıyorum" hissini "birlikte geçiyoruz" hissine çevirir.

3. Geçişi yumuşat (adaptasyon süreci)
Bir durumdan diğerine direkt geçme.
Küçük bir ara aşama oluştur:

- park → kısa sohbet → eve geçiş
- ekran → sohbet → ödev

Bu küçük ara, büyük direnci azaltır.

Püf bir ipucu: Park gibi çocuğun ayrılmak istemediği yerlerden dönerken dönüş yolculuğunu sinirli, öfkeli ve sessiz geçirmek yerine sözel oyunlarla veya orada oynadığı oyunlar vs. hakkında konuşursanız diğer seferlerde işiniz kolaylaşabilir.

Ne Kadar Sert ve Yüksek Sesli Söylersek O kadar Ciddiye Mi Alınırız?

Kuralları, sınırları ve "hayır"ları söylerken yansıttığımız duygu ve ton, kullandığımız kelimelerden daha önemlidir; çünkü çocuğun iç dünyasında karşılık bulan asıl şey de bu ton ve duygudur. Aynı cümleyi iki farklı hâlde düşünebiliriz: Birinde yüzümüz gerilmiş, sesimiz sert; diğerinde sesimiz sakin, bakışımız net ama yumuşak. Çocuğun zihninde kalan şey çoğu zaman cümlenin kendisinden çok bu iklim olur.

Çoğumuz sınır koyarken içgüdüsel olarak sertleşiriz. Ses yükselir, mimikler donuklaşır. İçimizdeki şefkati geri plana atarız; hatta "çok belli olmasın" diye bastırmaya çalışırız. Bunun nedeni çoğunlukla aynıdır: "Eğer yumuşak olursam ciddiye alınmam." Bu inanç, bizi sevgiyi geri çeken, korkuyu öne çıkaran bir dile sürükler. Oysa bu dil, kısa vadede "söz dinletiyor" gibi görünse de, uzun vadede hem ilişkiyi hem de sınırın etkisini aşındırır.

Çocuk, kendisine sert ve sevgiden kopuk bir tonda konuşulduğunda, sadece davranışıyla ilgili mesajı almaz; aynı zamanda yetişkinle arasındaki bağla ilgili de bir mesaj alır. Birkaç kez tolere edilebilir bu. Ama bu tarz, sınır anlarının temel dili hâline geldiğinde, çocuk kendini korumak için içsel bir mekanizma geliştirir ve kendini korumak için araya duygusal mesafe koymaya yönelir. Bu, ebeveynine sevgisiz kaldığı için değil, kendini savunmak için yaptığı bilinçdışı bir geri çekilmedir. Bir süre sonra yetişkin "Ne söylersem söyleyeyim etkisi kalmıyor" noktasına gelir; aslında zayıflayan, cümlenin gücü değil, bağın sıcaklığıdır.

Burada çözüm, sertliği tamamen bırakıp her şeyi esnetmek değildir. Esas ihtiyaç, sevgiyi perdelemeden kararlı kalabilmektir. Yumuşak ama ciddi, saygılı ama dengede bir ses tonuyla; çocuğun gözlerinin içine bakarak "burada duran bir sınır var" diyebilmek, genellikle bağırarak söylenmiş on cümleden daha etkilidir. Çünkü çocuk bu durumda tehdit altında hissetmez. Bedeni alarma geçmediği için beyni duymaya, anlamaya daha açıktır. Mesaj şu olur: "Seni seviyorum ve aynı zamanda bu davranışına 'hayır' diyorum." İki cümleyi aynı anda taşıyabilmek, disiplinin en güçlü hâlidir.

Ciddiyet, sevgiyi saklayarak değil; duyguyu yöneterek kurulur.

Çocuğun Duygusunu Üstlenmek Yerine, Kendi Duygumuzda Kalmak

Çocukla karşı karşıya geldiğimizde, özellikle de duyguların yükseldiği anlarda, çoğu zaman çocuğun duygusunu üzerimize alırız. Çocuk bağırdığında, ağladığında ya da öfkeyle tepki verdiğinde, biz de fark etmeden aynı frekansa çıkarız. Onun öfkesini, bizim öfkemiz; onun çaresizliğini, bizim sabırsızlığımız takip eder.

Oysa sağlıklı sınır koymanın önemli bir parçası şudur:
Çocuğun duygusunu çocukta bırakmak, kendi duygumuza odaklanmak.

Çocuk duygusal olarak "enerji yüklü" haldeyken biz de karşısına kendi yükümüzle çıktığımızda—öfke, kırgınlık, sabırsızlık—ortaya çıkan şey çoğu zaman bir "duygu savaşı" olur. İki taraf da kendini savunmakla meşguldür; kimse gerçekten birbirini duyamaz.

Bugün, çocuklara sınır koyma ve duygusal regülasyon konusunda daha başarılı görünen toplumlara baktığımızda, ortak bir desen görüyoruz:
Çocuk yoğun duygudayken, sakin kalabilen ve kendi duygusunu yönetebilen yetişkinler.

Bu, çocuğun duygusunu yok saymak demek değildir. Tam tersine, "Sen şu an çok öfkelisin, bunu görüyorum" diyebilecek kadar yanında, "Ama bu öfkeyle yaptıklarının da bir sınırı olduğunu fark etmeni sağlamak benim görevim." diyebilecek kadar da ayakta kalmak demektir.

Sakin Kalmanın Gücü

Sakinlik pasiflik değildir, sakinlik ortamın ve çocuğun sakinleşmesi için bir reaktör görevi gören önemli bir aktifliktir. Çocuklara sınır koyma ve duygusal düzenleme konusunda daha ileride olan toplumlarda ortalıkta bağıran, kendini yere atan bir çocuk karşısında bağıran, sinirlenen, tehdit eden veya sussun diye çocuğu çekiştiren-hırpalayan bir anne ya da baba göremezsiniz Bunların yerine çocuğun duygu yoğunluğu biraz çekildikten sonra yanına eğilip kısa bir cümleyle devam eden bir ebeveynler vardır. İlk bakışta "hiç tepki vermiyor" gibi görünen bu tutumun arkasında, aslında güçlü bir iç düzenleme vardır: "Önce ben sakin kalacağım ki, o da sakinleşebilsin."

Eğer kendi ebeveynlerinizden genel olarak bu şekilde muamele görmediyseniz, bu beceri size doğal gelmeyebilir ve bu yetiyi kazanmak için biraz daha iç çaba gerektirebilir. Bu çabaya değeceğinden emin olun ve bir kere bu alışkanlığı oturtursanız hayatınız çok büyük ölçüde kolaylaşacaktır.

Belki siz büyürken öfke anlarında sesler yükseliyor, kapılar çarpılıyor, "hemen susması gereken" hep çocuk oluyordu. O zaman bugün yaptığınız şey sadece bir ebeveynlik değişikliği değil, kuşaklar arası bir zinciri kırma çabasıdır. Bu da çoğu insanda haklı olarak hem umut, hem de yorgunluk hissi uyandırır.

Zinciri kırmak; "ben farklı davranacağım" demekten ibaret değildir. Kendi içinizde şunu çalışmayı gerektirir: "Ben ne zaman kontrolü kaybetmiş hissediyorum? Hangi cümleyi duyduğumda eski tepkim devreye giriyor? Bağırmadan önce kendime hangi küçük molayı verebilirim?" Bu sorulara tam cevap bulamasanız bile, sormaya başlamanız bile yönü değiştirir. Çünkü her seferinde biraz daha yavaşlayabildiğiniz, bir cümlenizi yutmayı başarıp yerine daha nötr bir ifade koyabildiğiniz her an, eski zincirin bir halkası gevşer.

Bunu yaptığınızda, iyiliği sadece bugünkü çocuğunuza değil, aslında henüz tanışmadığınız geleceğe de taşımış olursunuz. Çocuğunuz, büyüdüğünde kendi çocuğuna ya sizin gördüklerinizi, ya da sizin cesaret edip değiştirdiklerinizi aktaracak. Sevgiyle ama kararlı sınır koymayı öğrenmiş bir çocuk, bir gün aynı dili kendi ailesine de götürür. Bu nedenle, kendi duygunuzu düzenlemeye harcadığınız emek, sessiz ama en uzun ömürlü yatırımlardan biridir.

Bilim Ne Diyor?

Ton ve Zamanlama Üzerine Araştırmalar

Bu bölümde bahsettiğimiz "sakin ton + geçiş uyarısı" yaklaşımını destekleyen güçlü bilimsel kanıtlar:

Tonun Çocuğun Beyni Üzerindeki Etkisi

- Gottman ve arkadaşlarının duygusal koçluk çalışmaları (1996), ebeveynin sakin ve öngörülebilir duygusal tonunun, çocuğun stres hormonlarını (kortizol) %25 oranında azalttığını gösteriyor. Öfkeli tonlar ise amigdala aktivitesini artırarak çocuğu "savaş ya da kaç" moduna sokuyor.
- Duygu düzenleme araştırmaları (Morris vd., 2007), 8-12 yaş arası çocukların ebeveynlerinin duygusal tonunu "güvenilirlik göstergesi" olarak algıladığını ve sakin tonun prefrontal korteks gelişimini desteklediğini ortaya koyuyor.

Zamanlamanın Direnç Üzerindeki Etkisi

- Davranış analizi deneyleri (Kerr & Nelson, 2006), ani kesintilere kıyasla 5 dakika önceden verilen geçiş uyarılarının direnç davranışını %60 azalttığını buldu. Çocuğun beyni "beklenmedik" durumdan "öngörülebilir" duruma geçtiğinde, duygusal regülasyon devreye giriyor.
- Oyun terapisi çalışmaları (Landreth, 2012), geçiş uyarılarının çocuğun "zaman algısını" geliştirdiğini ve ani kesintilerin "güven kaybı" yarattığını gösteriyor.

Pratik Bulgu

Harvard T.H. Chan Halk Sağlığı Okulu'nun ebeveynlik araştırmaları, sakin ton + 3-5 dakika geçiş uyarısı kombinasyonunun, sınır koyma anlarında çatışma olasılığını %40 azalttığını rapor ediyor.

Özetle: Çocuğun algıladığı şey kelimeden çok "tahmin edilebilirlik sinyali". Sakin ton = "Güvendeyim", geçiş uyarısı = "Hazırlıklıyım".

Sınır İhlallerinde Ne Yapılır?

Sınır koymak kadar önemli olan bir diğer nokta, sınır ihlal edildiğinde nasıl tepki verildiğidir.

Birçok yetişkin bu noktada ya cezaya başvurur ya da sınırı tamamen bırakır. Oysa sevgi dolu sınırlar, ihlal edildiğinde de aynı netlik ve sakinlikle korunur.

Örneğin çocuk tablet süresi bittikten sonra bırakmayı reddedebilir.

Bu durumda bağırmak, tehdit etmek ya da uzun açıklamalar yapmak genellikle durumu zorlaştırır.

Sevgi dolu ve net yaklaşım şu şekilde olur:

Önce hatırlatma yapılır: "Tablet süresi bitti."

Çocuk bırakmazsa, yetişkin sakin bir şekilde sınırı uygular:
"Tablet süresi bitti. Şimdi kapatıyorum."

Bu sırada çocuk ağlayabilir, öfkelenebilir. Burada önemli olan, çocuğun duygusuna alan tanırken sınırı değiştirmemektir.

"Bırakmak zor. İstersen yanında kalabilirim."

Bu yaklaşım, iki önemli mesaj verir:

Sınırlar nettir.
Ve duygular kabul edilir.

Bu deneyimler tekrarlandıkça çocuk dış kontrol olmadan da kendini durdurmayı öğrenir. Çünkü artık sınır, dışarıdan gelen bir baskı değil; iç dünyasında anlam kazanan bir referans haline gelir.

Sınır Koyarken Yetişkinin İç Dengesi

Kararlılık Nasıl Korunur?

Bir çocuğa sınır koymak çoğu zaman çocuğun tepkisiyle değil, yetişkinin kendi duygusuyla zorlaşır.

Çocuk ağladığında, öfkelendiğinde ya da ısrar ettiğinde yetişkinin içinde farklı duygular harekete geçer: suçluluk, yetersizlik, öfke, sabırsızlık, hatta utanç. Özellikle kalabalık bir ortamdaysa ya da başkalarının bakışlarını hissediyorsa, sınırı korumak daha da zorlaşır.

Bu noktada asıl soru şudur:
Çocuk sınırı zorladığı için mi geri çekiliyoruz, yoksa kendi duygumuza dayanmakta zorlandığımız için mi?

Çoğu zaman ikinci seçenek daha gerçektir.

Suçluluk ve Geri Adım

Birçok yetişkin, çocuğu ağladığında içsel olarak şunu hisseder:

"Acaba fazla mı katı oldum?"
"Onu üzüyor muyum?"

Bu düşünceler sınırı yumuşatma isteği doğurur. O an çocuğun ağlamasını durdurmak, sınırı korumaktan daha öncelikli hale gelir.

Oysa kısa vadeli rahatlama, uzun vadeli belirsizlik yaratır.

Çocuk için güven, yetişkinin duygusal olarak sallanmamasıyla oluşur. Yetişkin sakin kalabildiğinde, çocuk zamanla duygusunun geçici olduğunu ve sınırın kalıcı olduğunu öğrenir.

Öfke ve Sertleşme

Bazı durumlarda ise yetişkin suçluluk yerine öfkeye kayar.

"Defalarca söyledim!"
"Niye anlamıyorsun?"

Bu noktada sınır korunur gibi görünse de ilişki zarar görebilir. Çünkü artık sınır bir düzenleyici değil, bir güç gösterisine dönüşür.

Kararlılık ile sertlik aynı şey değildir.
Kararlılık sakin kalabilmektir.
Sertlik ise kontrol kaybının sonucudur.

Duyguyla Başa Çıkarken Destek Olmak

Çocuk sınırla karşılaştığında çoğu zaman bir duygu yaşayacaktır: hayal kırıklığı, öfke, üzüntü.

Bu duygular, sınırın yanlış olduğunu göstermez. Aksine, çocuğun henüz istediğiyle gerçeklik arasındaki farkı tolere etmeyi öğrenmekte olduğunu gösterir.

Yetişkinin görevi bu duyguyu ortadan kaldırmak değil, o duyguya dayanabilecek bir alan sunmaktır.

"Şu an üzgünsün. Yanındayım."
"Ağlayabilirsin. Ama karar değişmiyor."

Bu cümleler hem sınırı korur hem de duygusal güveni sürdürür.

Kararlılık Nasıl Gelişir?

Kararlılık bir teknik değil, bir iç duruştur. Ve şu üç unsurla güçlenir:

1. Önceden net olmak
Sınırı o an belirlemek yerine, önceden neyin kabul edilebilir olduğuna karar vermek.

2. Kısa ve net ifade etmek
Uzun açıklamalar yerine sakin ve tekrar etmeyen cümleler kullanmak.

3. Tepki yerine düzenleme
Çocuğun tepkisine karşılık vermek yerine, kendi iç dengesini korumaya odaklanmak.

Yetişkin duygusal olarak ne kadar düzenli kalırsa, çocuk o kadar düzenlenir.

Sevgi dolu sınır koymak, çocuğu kontrol etmekten ziyade; önce kendi iç dengesini koruyabilmekle başarıya ulaşır.

Çünkü çocuklar en çok şunu hissederek güvende olur:
Sınırlar değişmiyor.
Ve ben bu sınırın içinde yalnız değilim.

Tekrar Eden Davranışlarda Ne Yapılır?

Birçok yetişkinin en çok zorlandığı noktalardan biri şudur:

"Aynı şeyi defalarca söylüyorum."
"Her gün aynı konuyu yaşıyoruz."

Bu durum çoğu zaman iki düşünceyi tetikler:
Ya çocuk bilerek yapıyor, ya da söylenenler hiç etkili olmuyor.

Oysa tekrar eden davranışlar çoğunlukla inattan değil, henüz tam gelişmemiş öz-düzenleme becerisinden kaynaklanır. Bir çocuk bir kuralı anlayabilir. Ama onu her durumda uygulayabilecek iç kontrol henüz oluşmamış olabilir. Bu, öğrenme sürecinin doğal bir parçasıdır.

Anlamak Başka, Yapabilmek Başka

Çocuklar çoğu zaman neyin doğru olduğunu bilir.
Ancak o bilgiyi duygu yükseldiğinde kullanamazlar.

Örneğin:

Oyuncakların toplanması gerektiğini bilir.
Ama oyunun ortasında bırakmak zor gelir.

Tablet süresinin bittiğini bilir.
Ama keyifli bir etkinliği sonlandırmak kolay değildir.

Bu noktada tekrar, bir başarısızlık değil; gelişimin parçasıdır.

Yetişkin için yorucu olabilir.
Ama çocuk için bu süreç, sinir sistemi olgunlaşmasının bir göstergesidir.

Tekrar Karşısında En Sık Yapılan Hata

Tekrar eden davranışlar karşısında yetişkin genellikle ya sertleşir ya da vazgeçer.

Sertleştiğinde mesaj şudur:
"Artık tahammülüm yok."

Vazgeçtiğinde mesaj şudur:
"Demek ki olmuyor."

Oysa her iki durumda da çocuk sınırın duygusal koşullara bağlı olduğunu öğrenir.

Tekrar eden davranışta yapılması gereken şey, daha fazla konuşmak değil; daha fazla tutarlılıktır.

Daha Az Konuşmak, Daha Çok Uygulamak

Sınır her tekrarlandığında uzun açıklamalar yapmak genellikle işe yaramaz.

Bunun yerine:

- Kısa hatırlatma.
- Net uygulama.
- Sakin kalma.

Örneğin:

“Toplama zamanı.”

Çocuk direnir.

“Toplama zamanı.”

Gerekirse birlikte başlanır.
Ama tartışma uzatılmaz.

Tekrar eden davranışta amaç çocuğu ikna etmek değil; sınırın değişmediğini deneyimletmektir.

Öğrenme Sürecine Güvenmek

Bir davranışın kalıcı hale gelmesi zaman alır.
Tıpkı yürümeyi öğrenmek gibi. Bir çocuk yürürken düştüğünde, “Demek ki yürümek istemiyor.” demeyiz.
Tekrar denemesine alan açarız. Sınırlar da böyledir. Tekrar, gelişimin doğal eşlikçisidir. Yetişkinin görevi süreci hızlandırmak değil; tutarlı kalmaktır.

Ne Zaman Farklı Bir Yaklaşım Gerekir?

Eğer bir direnç uzun süre aynı yoğunlukta devam ediyorsa, şu sorular sorulabilir:

- Bu sınır çocuğun gelişim düzeyine uygun mu?
- Çok mu soyut?
- Çok mu ani?
- Yeterince öngörülebilir mi?

Bazen sorun çocuğun direnci değil; sınırın uygulanış biçimidir.
Bu sorular, yaklaşımı gözden geçirmek için faydalıdır.

Çocuğa Alternatif Sunmak

Sınır Koyarken Her Zaman Alternatif Sunmak Gerekir mi?

Sınır koyma sürecinde sıkça önerilen bir yaklaşım vardır:
"Alternatif sun."

Bu öneri bazı durumlarda işe yarar. Ancak her sınırın alternatifle birlikte sunulması gerektiği düşüncesi, zamanla farklı bir soruna yol açabilir.

Çocuk, her "hayır"ın ardından bir seçenek beklemeye başlar.

Bu durumda sınır, net bir çerçeve olmaktan çıkar ve bir pazarlık alanına dönüşür.

Oysa bazı durumlarda mesele seçenek sunmak değil,
sınırın varlığını kabul etmektir.

Örneğin, uyku saati geldiğinde "uyumak istemiyorum" diyen bir çocuğa sürekli alternatif sunmak ("biraz daha kitap okuyalım mı?", "5 dakika daha?") süreci uzatır. Çocuk burada şunu öğrenir:

"Yeterince zorlarım, bir seçenek çıkar."

Bu da sınırın netliğini zayıflatır.

Ne Zaman Alternatif Sunulmalı?

Alternatif sunmak, çocuğun kontrol ihtiyacını desteklemek için kullanılabilir. Ancak bu, sınırın yerine geçmemelidir.
Doğru kullanımda alternatif:

- sınırı esnetmez
- sadece çocuğun sürece katılımını artırır

Örneğin:
"Artık yatma zamanı. İstersen pijamanı sen seçebilirsin." diyebiliriz.

Burada sınır değişmez.
Ama çocuk tamamen pasif de kalmaz.

Ne Zaman Alternatif Sunulmamalı?

Bazı durumlarda alternatif sunmak, süreci zorlaştırır:

- Güvenlik gerektiren durumlarda
- Net zaman sınırlarında
- Tekrarlayan ihlallerde

Bu anlarda çocuğun ihtiyacı seçenek değil, netliktir.

Önemli Bir Ayrım

Alternatif sunmak, sınır koymanın bir yolu değildir.
Sınır zaten vardır. Alternatif, sadece o sınırın içinde küçük bir hareket alanı açar.

Kısa Bir Hatırlatma

Her "hayır"ın ardından bir "ama istersen..." gelmek zorunda değildir.

Bazen en sağlıklı sınır,
sade, net ve açıklamasız olandır.

Kısacası; alternatif sunmak her zaman gerekli değildir. Ancak doğru yerde kullanıldığında, süreci kolaylaştıran güçlü bir araçtır.

Özellikle çocuk kendini tamamen kontrolsüz hissettiğinde, küçük bir seçim alanı sunmak onun direncini azaltabilir. Çünkü çocuk için mesele çoğu zaman sadece istediğini yapmak değil,
süreçte bir söz hakkı olduğunu hissetmek, kendi varlığını ortaya koymaktır.

Bu Bölümden Notlar

* Tekrar eden davranış çoğu zaman inat değildir.Henüz tam gelişmemiş öz-düzenlemedir.

* Daha fazla açıklama değil, daha fazla tutarlılık gerekir.

* Sınırın kalıcılığı, yetişkinin sakinliğine bağlıdır.

* Zamanla tekrar azalır. Ama bunun için önce yetişkinin acele etmeyi bırakması gerekir.

*Koyulan kural alternatif konusu yapılmamalı, kural uygulanırken hangi noktada özgürlük alanı açılacağı iyi belirlenmeli.

Bölümün Ardından

Sevgiyle birlikte sınırlar oluşturmak, mükemmel cümleleri bilmekten çok daha fazlasıdır. Bu süreç, çocuğun davranışlarını kontrol etmekten ziyade, yetişkinin kendi duruşunu netleştirmesiyle başlar. Çocuklar çoğu zaman söylediklerimizden çok, nasıl davrandığımızı izler.

Bu süreçte önemli olan, her durumda kusursuz olmak değildir. Bazen yorulabilir, bazen sabırsız davranabiliriz. Ancak sınırların temelinde yer alan niyet — çocuğu cezalandırmak değil, ona rehberlik etmek — korunduğu sürece ilişki de gelişmeye devam eder. Çocuk zamanla sadece kuralları değil, o kuralların arkasındaki düzeni ve güveni de anlamaya başlar.

Sevgi dolu sınırlar, çocuğun özgürlüğünü kısıtlamak için değil; onun dünyayı güvenle keşfedebilmesi için bir çerçeve oluşturur. Bu çerçeve, çocuğun kendi iç disiplinini geliştirebilmesi için gerekli zemini sağlar. Çünkü gerçek disiplin, dışarıdan dayatılan kontrolle değil; zaman içinde içselleştirilen sınırlarla oluşur.

Bununla birlikte bu yolda sizi motivasyonda ve yolda tutacak en önemli şeylerden biri de olması gerekeni yapamadığınızda kendinize kızmamak, moralinizi bozmamak ve "Hayır yapamıyorum.!" dememektir. İnsan beyni yapamaya yapamaya yapmayı öğrenir. Bir çocuk yürümeyi öğrenirken binlerce kere düşer ama azimle kararlılıkla ve kendini suçlamayarak zamanla yürümeye başlar.

Örneğin çocuğunuz ağladığında onun istediğini yaptığınızda bunu "Ağlayarak istediğimi elde edebilirim." şeklinde öğreneceğini biliyorsunuz. Ama bu hataya yine de düşeceksiniz ve zamanla sevgi ve iletişim dilinizi geliştirerek sınırı korumayı öğreneceksiniz. Yeter ki yapamıyorum diyerek bırakmayın.

BÖLÜM 5

Tutarlılık, Sınırın Görünmeyen Gücü

Koyulan Sınırlar Nasıl İşe Yarar?

Birçok yetişkin sınır koymanın disiplin için yeterli olduğunu düşünür. Kurallar belirlenir, neyin doğru neyin yanlış olduğu söylenir ve çocuğun buna uyması beklenir. Ancak kısa bir süre sonra aynı davranışların tekrar ettiği görülür. Bu durum çoğu zaman çocuğun "inatçı", "söz dinlemeyen" ya da "zor bir çocuk" olduğu şeklinde yorumlanır.

Oysa burada eksik olan çoğu zaman sınırın kendisi değil; sınırın sürekliliğidir.

Çocuk için bir sınırın var olması kadar, o sınırın ne kadar güvenilir olduğu da önemlidir. Bir gün uygulanan, ertesi gün görmezden gelinen bir sınır, çocuk için gerçek bir referans noktası oluşturmaz. Çocuk bu durumda sınırı öğrenmez; sınırın ne zaman değişeceğini anlamaya çalışır.

Bu nedenle disiplin, sadece sınır koymakla değil; o sınırı zaman içinde korumakla oluşur.

Çocuklar Söyleneni Değil, Yaşananı Öğrenir

Yetişkinler çoğu zaman sınırları sözle ifade eder:
“Tablet süresi bitti.”
“Şimdi uyku zamanı.”
“Önce ödev, sonra oyun.”

Ancak çocuk için belirleyici olan, bu sözlerin ne kadar tutarlı şekilde uygulandığıdır.

Eğer tablet süresi bazen gerçekten bittiğinde sonlanıyor, bazen ise çocuğun ısrarı üzerine uzatılıyorsa, çocuk için gerçek sınır sözler değil; ısrarın süresi olur.

Çocuk burada bilinçli bir manipülasyon yapmaz. Sadece deneyimlerinden öğrenir.

Şunu fark eder:
Yeterince ısrar edersem sonuç değişebilir.

Bu farkındalık, sınırın içselleşmesini zorlaştırır. Çünkü sınır artık sabit bir gerçeklik değil; değiştirilebilir bir durum hâline gelir.

Tutarlılık Güven Oluşturur

Tutarlılık çoğu zaman sertlikle karıştırılır. Oysa tutarlılık sert olmak değil; öngörülebilir olmaktır.

Çocuk için güven duygusu, her istediğini elde etmekten değil; dünyanın anlaşılabilir olmasından doğar.

Ne zaman ne olacağını bilen bir çocuk, sürekli sınırı test etmek zorunda kalmaz. Çünkü sınırın değişmeyeceğini bilir. Bu da çocuğun zihinsel ve duygusal enerjisini sınırla mücadele etmek yerine, sınır içinde hareket etmeyi öğrenmeye yönlendirir.

Tutarsızlık ise belirsizlik yaratır. Belirsizlik, test etmeyi artırır. Bu nedenle tutarlılık, çocuğun davranışını zorla değiştiren bir araç değil; çocuğun kendini düzenlemesini kolaylaştıran bir zemindir.

Tutarlılık Neden Davranışı Değiştirir?

Bir davranışın kalıcı olarak değişebilmesi için, çocuk o davranışın sonucunun öngörülebilir olduğunu deneyimlemelidir.

Eğer bir davranış bazen işe yarıyor, bazen yaramıyorsa, çocuk o davranışı denemeye devam eder. Çünkü sonuç kesin değildir.

Ancak bir davranışın sonucu her zaman aynıysa, çocuk zamanla bu davranışı bırakır. Çünkü artık denemenin sonucu değiştirmeyeceğini bilir.

Bu süreç, zorla değil; öğrenmeyle gerçekleşir.
Tutarlılık, bu öğrenmenin temelidir.

Tutarlılık İlişkiyi Zayıflatmaz, Güçlendirir

Bazı yetişkinler tutarlı olmanın ilişkiye zarar vereceğinden endişe eder. Çocuğun kendisini daha az seveceğini, uzaklaşacağını ya da kırılacağını düşünebilir.

Oysa çocuk için asıl güven verici olan şey, yetişkinin kararlılığıdır.

Çocuk, sınırla karşılaştığında üzülse bile, yetişkinin sakin ve net kalabildiğini gördüğünde şunu öğrenir:
Bu ilişki, duygular değişse bile devam ediyor.

Bu deneyim, çocuğun hem ilişkiye hem dünyaya duyduğu güveni güçlendirir.

Tutarlılık, mesafe oluşturmaz.
Tutarlılık, güven oluşturur.

Bu Bölümden Notlar

- Sınır koymak tek başına yeterli değildir; tutarlılık gerekir.
- Çocuklar söyleneni değil, tekrar eden deneyimleri öğrenir.
- Tutarlılık, sertlik değil; öngörülebilirliktir ve çocuğun kendini düzenlemesini kolaylaştırır.
- Güven, sınırın varlığıyla değil; sınırın sürekliliğiyle oluşur.
- Bu konuda sağlam durabilmesi için ebevenynin de kendini disipline etmesi gerekmektedir.

Tutarlı Olmak Neden Bu Kadar Zordur?

Birçok yetişkin ne yapması gerektiğini aslında bilir. Sınır koymanın önemli olduğunu, kararlı kalmanın gerekli olduğunu fark eder. Buna rağmen, tam da sınırın korunması gereken anlarda geri adım atabilir.

Bu durum çoğu zaman bilgi eksikliğinden değil; o anın duygusal yükünden kaynaklanır.

Çocuk ağladığında, öfkelendiğinde ya da yoğun şekilde itiraz ettiğinde, yetişkin sadece bir davranışla değil; aynı zamanda güçlü bir duyguyla karşı karşıya kalır. Bu duygu bazen suçluluk, bazen yetersizlik, bazen de tükenmişlik hissidir.

Bu noktada yetişkinin zihninden genellikle şu düşünceler geçer:
"Belki bugünlük izin verebilirim."
"Zaten zor bir gün geçirdi."
"Daha fazla üzülmesini istemiyorum."
"Şimdi bununla uğraşacak gücüm yok."

Bu düşünceler anlaşılırdır. Çünkü tutarlılık sadece bir karar değil; aynı zamanda duygusal bir dayanıklılık gerektirir.

Sorun Çocuğun Tepkisi Değil, O Tepkiye Dayanabilmektir

Çocuk sınırla karşılaştığında tepki verir. Bu, gelişimin doğal bir parçasıdır. Çünkü sınır, çocuğun isteği ile gerçeklik arasındaki farkı temsil eder.

Ancak yetişkin için zor olan çoğu zaman sınır koymak değil; çocuğun bu sınıra verdiği tepkiyle karşı karşıya gelmektir.

Çocuğun üzülmesini görmek, ağlamasını duymak ya da öfkelenmesine şahit olmak, yetişkinde güçlü bir rahatlatma isteği oluşturur. Bu rahatlatmanın en hızlı yolu ise sınırı kaldırmaktır.

Sınır kaldırıldığında, çocuğun duygusu kısa vadede yatışır. Ancak çocuk aynı zamanda önemli bir şey öğrenir: Yoğun tepki, sınırı değiştirebilir.

Bu öğrenme bilinçli değildir. Ancak tekrarlandıkça güçlenir.

Tutarsızlık Çoğu Zaman İyi Niyetten Doğar

Tutarsızlık genellikle ihmalden değil; koruma isteğinden kaynaklanır.

Yetişkin çocuğu üzmek istemez. İlişkiyi zedelemek istemez. Çocuğun kendisini reddedilmiş hissetmesinden endişe eder. Bu nedenle sınırı esnetmek, o an için daha şefkatli bir davranış gibi hissedilebilir. Ancak çocuk için şefkat, sınırın ortadan kalkması değil; sınır devam ederken ilişkinin de devam etmesidir.

Yetişkin sakin ve kararlı kaldığında, çocuk şunu deneyimler:
İstemediğim bir durumla karşılaştım, ama yalnız değilim. Bu deneyim, çocuğun duygusal dayanıklılığını güçlendirir.

Tutarlılık Mükemmel Olmak Değildir

Tutarlı olmak, hiçbir zaman hata yapmamak anlamına gelmez. Her yetişkin zaman zaman yorulur, esner ya da geri adım atabilir.

Önemli olan, genel yönün öngörülebilir olmasıdır.

Çocuk, yetişkinin her durumda kusursuz olmasını beklemez. Ancak genel olarak sınırların güvenilir olduğunu deneyimlediğinde, zamanla bu sınırları içselleştirir.

Tutarlılık, tek bir anda değil; zaman içinde oluşur. Bu nedenle mesele kusursuz olmak değil; güvenilir olmaktır.

Bu Bölümden Notlar

- Tutarlılık bilgi değil, duygusal dayanıklılık gerektirir.
- Yetişkinler çoğu zaman sınırı değil, çocuğun tepkisini yönetmekte zorlanır.
- Tutarsızlık genellikle iyi niyetten doğar.
- Çocuk için güven, sınırın kaldırılması değil; sınır içinde ilişkinin devam etmesidir.
- Tutarlılık mükemmellik değil, güvenilirliktir.

BİLİMSEL DENEYLER NE SÖYLÜYOR?

Çocukların sınırlarla ilişkisini anlamak için yapılan en bilinen deneylerden biri, Stanford Üniversitesi'nde yürütülen ve kamuoyunda "Marshmallow Deneyi" olarak bilinen çalışmadır.

Deneyde, 4–6 yaş arasındaki çocuklar bir odaya alınır. Önlerine bir marshmallow konur ve onlara şu söylenir:
"Eğer ben gelene kadar bunu yemezsen, sana bir tane daha vereceğim."

Bazı çocuklar marshmallow'u hemen yer. Bazıları ise beklemeye çalışır. Gözlemler sırasında dikkat çeken bir detay vardır: Bekleyebilen çocuklar, sadece daha "sabırlı" oldukları için beklemezler. Ortamın güvenilir olduğuna inandıkları için beklerler.

Çocuk, verilen sözün tutulacağına güveniyorsa, kendini düzenlemek için daha fazla çaba gösterir. Ancak yetişkinin tutarsız davrandığı ortamlarda, çocuk beklemek yerine hemen elde etmeyi tercih eder. Çünkü sınırların ve sözlerin kalıcı olup olmadığı belirsizdir.

Bu deneyin en önemli sonucu şudur:
Çocuklar kendilerini, güvenilir ve öngörülebilir ortamlarda daha kolay düzenlerler.

Bu, disiplinin sadece çocuğun iradesiyle değil; yetişkinin tutarlılığıyla da ilgili olduğunu gösterir.

Çocuk Neden Beklemez? – Güvenilir ve Güvenilmez Yetişkin Deneyi

Stanford'daki marshmallow deneyinin ardından araştırmacılar önemli bir sorunun peşine düştüler:
Acaba çocukların bekleme davranışı sadece öz-denetimleriyle mi ilgiliydi, yoksa yetişkine duydukları güvenle de bağlantılı mıydı?

Bu soruyu anlamak için yeni bir deney düzenlendi.

Çocuklara önce basit bir söz verildi. Araştırmacı çocuğa sıradan boya kalemleri verdi ve şöyle dedi:
"İstersen bekle, sana daha güzel boya kalemleri getireceğim."

Bazı çocukların yanına araştırmacı gerçekten geri döndü ve söz verdiği gibi daha iyi kalemler getirdi. Bazılarının yanına ise geri döndü, ancak kalemlerin kalmadığını söyledi.

Bu aşamada çocuklar iki farklı deneyim yaşamış oldu:
Bir grup yetişkinin sözünü tuttuğunu gördü.
Diğer grup ise yetişkinin sözünü tutmadığını deneyimledi.

Daha sonra aynı çocuklarla marshmallow deneyi tekrarlandı.

Sonuç çarpıcıydı.

Yetişkinin daha önce sözünü tuttuğunu deneyimleyen çocuklar, marshmallow'u bekleme konusunda çok daha başarılı oldu. Bekleyebildiler. Kendilerini durdurabildiler.

Ancak yetişkinin daha önce sözünü tutmadığını deneyimleyen çocuklar, marshmallow'u çok daha hızlı yediler.

Bu çocuklar sabırsız oldukları için değil; ortamın güvenilir olmadığını öğrendikleri için beklemediler.

Çocuk açısından bakıldığında bu son derece mantıklıdır.
Eğer yetişkin sözünü tutmayacaksa, beklemenin bir anlamı yoktur.

Bu deney, çocukların davranışlarının sadece içsel özelliklerinden değil; yaşadıkları ilişkinin güvenilirliğinden de etkilendiğini açıkça gösterir.

Başka bir deyişle, çocuklar sadece sınırı değil; sınırı koyan kişiyi de değerlendirir.

Yetişkin tutarlı ve güvenilirse, çocuk zamanla kendini daha kolay düzenler.
Yetişkin öngörülemez olduğunda ise çocuk, anlık fırsatlara yönelmeyi öğrenir.

Bu durum, disiplinin çocuğa uygulanan bir şey değil; çocuk ile yetişkin arasında kurulan bir ilişki olduğunu gösterir.

Bu Deneylerden Çıkarılacak En Önemli Sonuç;
Çocuklar beklemeyi, zorlanmayı ve sınırla karşılaşmayı öğrenebilirler. Ancak bunu mümkün kılan şey, sınırın varlığı kadar, o sınırı koyan yetişkinin güvenilir olmasıdır.

Bunun yanında;
Tutarlılık, çocuğun davranışını kontrol etmez.
Tutarlılık, çocuğun kendini kontrol edebilmesini mümkün kılar.

Tutarlılık Nasıl Kurulur? – Günlük Hayatta Uygulanabilir 5 Temel İlke

Tutarlılığı çoğu zaman bir kişilik özelliği gibi düşünürüz. Bazı yetişkinlerin "doğal olarak tutarlı", bazılarının ise "daha esnek" olarak değerlendiririz. Oysa tutarlılık, doğuştan gelen bir özellik değil; farkındalıkla geliştirilebilen bir yaklaşımdır.

Tutarlılığı mümkün kılan şey, her durumda daha sert olmak değil, daha tahmin edilebilir ve istikrarlı olmaktır.

Aşağıdaki ilkeler, hem ev ortamında hem eğitim ortamında tutarlılığı güçlendiren temel dayanak noktalarıdır.

1. Sınırı O An Değil, Önceden Belirlemek

Tutarsızlığın en sık görüldüğü anlar, kararların o anın duygusuyla verildiği durumlardır.

Örneğin çocuk tablet kullanmak istediğinde, yetişkin o anki yorgunluğuna, meşguliyetine ya da ruh hâline göre farklı kararlar verebilir. Bu da sınırı öngörülemez hâle getirir.

Buna karşılık sınır önceden net olduğunda, karar o anın duygusuna bağlı kalmaz.

Örneğin:
"Tablet süresi akşam yemeğinden önce yarım saat."

Bu sınır, çocuğun davranışına göre değil; önceden belirlenmiş bir çerçeveye göre uygulanır.

Bu yaklaşım, hem çocuk hem yetişkin için süreci kolaylaştırır. Çünkü tartışılan şey artık yetişkinin kararı değil; var olan sınırdır.

2. Az Sayıda Ama Gerçekten Korunan Sınırlar Koymak

Çok sayıda sınır koymak, tutarlılığı zorlaştırır. Yetişkin her sınırı aynı kararlılıkla sürdüremediğinde, sınırların güvenilirliği zayıflar.

Bu nedenle az ama net sınırlar, çok ama belirsiz sınırlardan daha etkilidir.

Çocuk için en önemli sınırlar genellikle şunlardır:

- Uyku düzeni
- Ekran kullanımı
- Saygı sınırları
- Sorumluluklar

Bu alanlarda tutarlılık sağlandığında, diğer birçok davranış zamanla kendiliğinden düzenlenir.

3. Tepkiye Değil, Sınıra Odaklanmak

Çocuk sınırla karşılaştığında tepki verebilir. Ağlayabilir, itiraz edebilir ya da öfkelenebilir. Bu anlarda yetişkinin dikkati çoğu zaman çocuğun tepkisine kayar.
Ancak tutarlılığı koruyan şey, tepkiye değil; sınıra odaklanabilmektir.

Örneğin: “Tablet süresi bittiğini biliyorum ve bu hoşuna gitmedi. Ama bugünlük süre doldu.”

Bu yaklaşım iki şeyi aynı anda yapar:
Çocuğun duygusunu görür ve sınırı korur. Bu denge, tutarlılığın temelidir.

4. Sakinlik, Tutarlılığın En Güçlü Destekçisidir

Tutarlılık yüksek sesle değil; sakinlikle güçlenir.

Bağırmak ya da tehdit etmek, kısa vadede davranışı durdurabilir. Ancak bu, sınırın içselleşmesini sağlamaz. Çocuk davranışı sınır nedeniyle değil; yetişkinin tepkisinden kaçınmak için durdurur.

Sakin ve net bir sınır ise daha güçlüdür. Çünkü sınır, duygusal yoğunluktan bağımsız hâle gelir.

Çocuk zamanla şunu öğrenir:
Bu sınır, tepkime bağlı değil. Bu sınır, sabit.

5. Tutarlılık Tek Bir Anda Değil, Süreçte Oluşur

Tutarlılık, tek bir doğru tepki vermekle oluşmaz. Tekrar eden deneyimlerle oluşur. Bazen yetişkin yorulabilir, esneyebilir ya da hata yapabilir. Bu doğaldır. Önemli olan, genel yaklaşımın öngörülebilir olmasıdır. Çocuk, zamanla büyük resme bakarak öğrenir. Genel olarak sınırların güvenilir olduğu bir ortamda, çocuk kendini daha kolay düzenlemeye başlar.

Kısa Bir Gerçek Hayat Örneği

8 yaşındaki bir çocuk, her akşam uyku saatinde su istemeye başlar. İlk gün su verilir. İkinci gün tekrar ister. Üçüncü gün tekrar ister. Eğer yetişkin her seferinde farklı tepki verirse, çocuk suya değil; sınırın değişme ihtimaline odaklanır.

Ancak yetişkin bir süre sonra şu yaklaşımı benimser:
"Uyumadan önce su içme zamanı var. Şimdi uyku zamanı."

İlk gün çocuk itiraz eder.
İkinci gün tekrar dener.
Üçüncü gün tekrar sorar.

Ancak sonuç değişmediğinde, çocuk zamanla denemeyi bırakır.
Bu, zorla değil; öğrenmeyle gerçekleşir.

Tutarlılık İçin Yetişkinler Arasında İş Birliği Neden Şarttır?

Çocuklar tek bir yetişkinle değil, birden fazla yetişkinle büyür. Anne, baba, büyükanne, büyükbaba, öğretmen ve diğer bakım verenler... Her biri çocuğun dünyasının bir parçasıdır.

Bu nedenle çocuğun karşılaştığı sınırlar, sadece bir kişinin yaklaşımıyla değil; bu yetişkinlerin ne kadar uyumlu olduğu ile şekillenir.

Eğer bir yetişkinin koyduğu sınır, başka bir yetişkin tarafından sürekli esnetiliyorsa, çocuk için sınırın anlamı zayıflar. Çocuk bu durumda neyin doğru neyin yanlış olduğunu öğrenmek yerine, kiminle karşı karşıya olduğuna göre davranmayı öğrenir. Bu bir tercih değil; uyum sağlama çabasıdır.

Çocuk Kurallara Değil, Sisteme Uyum Sağlar

Örneğin bir ebeveyn tablet süresini sınırlar, ancak diğer ebeveyn çocuk üzüldüğünde süreyi uzatırsa, çocuk tablet kullanımını düzenlemeyi değil; hangi ebeveynin daha esnek olduğunu öğrenir.

Benzer şekilde, evde sınır olan bir davranışın okulda tamamen görmezden gelinmesi ya da okulda önem verilen bir sorumluluğun evde hiç desteklenmemesi, çocuğun içsel bir düzen oluşturmasını zorlaştırır.

Çocuk burada bilinçli bir strateji geliştirmez. Ancak zamanla şunu fark eder:
Kurallar sabit değildir. Kişiye göre değişebilir.
Bu farkındalık, sınırın içselleşmesini zorlaştırır.

Tutarsızlık Çocuğu "Kurnaz" Yapmaz, Belirsiz Bırakır

Yetişkinler bazen bu durumlarda çocuğu "çok kurnaz", "hemen kime ne yapacağını biliyor" şeklinde tanımlar.
Oysa çocuk sadece en az zorlanacağı yolu bulmaya çalışır.

Bu, bir karakter özelliği değil; uyum mekanizmasıdır.Sınırlar net ve ortak olduğunda, çocuk bu tür arayışlara ihtiyaç duymaz. Çünkü sınırın değişmeyeceğini bilir.Bu da çocuğun enerjisini sınırı test etmeye değil, sınır içinde hareket etmeyi öğrenmeye yönlendirir.

Yetişkinler Arasında Birebir Aynılık Gerekmez, Ama Temel Uyum Gerekir

Tutarlılık, tüm yetişkinlerin aynı kelimeleri kullanması ya da tamamen aynı şekilde davranması anlamına gelmez.

Ancak temel sınırlar konusunda ortak bir yaklaşım olması gerekir.

Örneğin:

- Uyku düzeni
- Ekran kullanımı
- Saygı sınırları
- Temel sorumluluklar

Bu alanlarda yetişkinlerin birbirini desteklemesi, çocuğun iç dünyasında netlik oluşturur.

Çocuk farklı tonlarla karşılaşabilir, ancak farklı gerçekliklerle karşılaşmamalıdır.

Hayatın İçinden Bir Örnek

9 yaşındaki bir çocuk, annesi tablet süresini bitirdiğinde babasına gider ve aynı talebi tekrar eder.

Eğer baba o an çocuğun üzülmesine dayanamayarak izin verirse, çocuk şunu öğrenir:
'Sınır kesin değildir. Doğru kişiye sorulduğunda değişebilir.'

Ancak baba şu şekilde yanıt verdiğinde:

"Annen tablet süresinin bittiğini söylediyse, bugünlük bitmiştir."

Çocuk sadece tablet süresinin bittiğini değil; yetişkinlerin aynı sınırı paylaştığını da öğrenir.
Bu deneyim, sınırın güvenilirliğini güçlendirir. Bu da sınırın bir çatışma değil; hayatın doğal bir parçası olarak algılanmasını sağlar.

Bu Bölümden Notlar

- Çocuklar birden fazla yetişkinle büyür; bu nedenle ortak yaklaşım önemlidir.
- Tutarsız yetişkin tepkileri, sınırın içselleşmesini zorlaştırır.
- Çocuk kurallara değil, karşılaştığı sisteme uyum sağlar.
- Yetişkinler arasında temel uyum, çocuğun güven duygusunu güçlendirir.
- Tutarlılık, ortak bir yön duygusuyla oluşur.

Ebeveyn ve Eğitimciler İçin Uygulama: 7 Günlük Tutarlılık Deneyi

Bu bölümde anlattıklarını günlük hayata taşımak için küçük ama somut bir deney yapalım. Amaç mükemmel olmak değil; kendi tutarlılık haritanı görmek.

1. Bir Alan Seçin

Önce sadece tek bir sınır alanı seçin:

- Evde: Ekran süresi / uyku saati / ödev zamanı/dışarda kalma süresi/ evdeki sorumluluklar
- Sınıfta: Derste söz alma / telefon kullanımı / ödev teslimi

Not edin:
"Bu hafta odaklandığım sınır: ...."

2. Sınırı Cümleye Dökün

Sınır, sizin kafanızda değil, cümlede netleşsin:

- "Hafta içi ekran süresi akşam 19.00–19.30 arası."
- "Derste telefon çantada, teneffüste serbest."
- "Yatma saati 21.30, odada ışıklar kapanıyor."

Kendinize ve çocuğa aynı cümleyi 2–3 kez tekrar edin.

3. 7 Gün Boyunca Aynı Cümleyi Kullanın

Çocuk itiraz ettiğinde, ağladığında ya da pazarlık yaptığında, hedefiniz şudur:
Tepkiyi değil, sınırı tekrar etmek.

- "Bunun hoşuna gitmediğini biliyorum, ama kuralımız bu."
- "Evet, şimdi bırakmak zor geliyor. Yine de bugün süre doldu."

Her akşam kısa bir not alın:
"Bugün ne oldu, ben nasıl davrandım?"

4. Kendi Tutarlılık Noktalarınızı Fark Edin

7 günün sonunda şu soruları cevaplayın:

- Hangi anlarda daha çok esnedim?
- Ne zaman daha sertleştim?
- Yorgunluk, stres veya suçluluk duygusu kararlarımı değiştirdi mi?

Bu sorular, "neden tutarlı kalmak zorlaşıyor?" sorusunun kişisel cevabını gösterir.

5. Çocukların Tepkisini Zamana Yayarak Okuyun

İlk 2–3 gün:

- Daha fazla pazarlık, itiraz, "bir seferlik yap ne olur" cümleleri normaldir.
- Bu, sınırın test edildiği dönemdir; "işe yaramıyor" değil, "anlamaya çalışıyor" olarak okuyun.

4.–7. günler:

- Çocuğun denemeleri azalmaya başladıysa, bu öğrenmenin başladığı anlamına gelir.
- Hâlâ çok zorlanıyorsanız, seçtiğiniz sınırın yaşa uygunluğunu veya formülünü birlikte yeniden gözden geçirebilirsiniz.

Kendinize Sorabileceğiniz 3 Kapanış Sorusu

1. “Bu hafta çocuğum hangi konuda beni daha öngörülebilir gördü?”
2. “Hangi durumda kendi duygum sınırı gölgeledi?”
3. “Bir sonraki hafta için tek küçük değişiklik ne olabilir?”
4. Bu kısa uygulama, tutarlılığı büyük iddialardan değil, küçük ama tekrar eden adımlardan kurmanıza yardım eder.

Uygulama Kutusu: 7 Günlük Tutarlılık Deneyi

Amaç:
Tek bir konuda, 7 gün boyunca öngörülebilir kalmayı denemek.

1. Adım – Konunu Seç

Bu hafta sadece bir sınır alanına odaklan:

Ev:

- Odasını toplama zamanı
- Akşam yemeğinde masaya telefonsuz oturma
- Kardeşle kavga anlarında kullanılan dil

Okul:

- Derse geç gelme
- Grup çalışmasında görev paylaşımı
- Sınıfta söz almadan konuşma

Not et:
"Bu hafta odaklandığım sınır: ...."

2. *Adım* – Sınırı Cümleye Dök

Sınır net ve ölçülebilir olsun:

- "Oda toplama zamanı akşam 18.30, 15 dakika ayırıyoruz."
- "Yemek süresince masa üzerinde telefon yok."
- "Sınıfta söz almadan konuşma yok, el kaldırarak söz alıyoruz."

Bu cümleyi hem kendine hem çocuğa aynı şekilde söyle.

3. *Adım* – 7 Gün Boyunca Aynı Tavrı Sürdür

İtiraz geldiğinde:

- "Odasını toplamak istemiyorsun, görüyorum. Ama kuralımız: Herkes bitirince kalkıyoruz."
- "Arkadaşınla konuşmak istiyorsun, anlıyorum. Yine de derste söz almadan konuşmuyoruz."
- Her akşam bir satır yaz:
- "Bugün: .... Benim tepkim: ...."

4. *Adım* – Hafta Sonu Kendine Bak

Hafta sonunda şu soruları yanıtla:

- Hangi gün tutarlılıkta en çok zorlandım? (Örneğin: işten geç gelinen gün, misafir varken vb.)
- Hangi durumda "boş ver, bu seferlik" deme isteğim arttı?
- Çocuğun/öğrencinin tepkisinde ilk güne göre ne değişti?

5. *Adım* – Bir Küçük Ayar Yap

- Seçtiğin sınır çok katı geldiyse: Cümleyi yeniden yaz (örneğin "her gün" yerine "hafta içi").
- Sınır çok muğlak kaldıysa: Daha somutlaştır (saat, süre, yer ekle).

Yeni cümleyi yaz:
"Bir sonraki hafta deneyeceğim sınır ifadesi: ...."

Bu Kısımdan Notlar

- Tutarlılık, önceden belirlenmiş sınırlarla başlar.
- Az ama korunan sınırlar daha etkilidir. Herşeye sınır koymaya çalışmak her davranışı düzeltmeye çalışmak sizi sadece daha kontrolcü ve daha yorgun yapar.
- Çocuğun tepkisi değil, sınırın sürekliliği belirleyicidir.
- Sakinlik, sınırı daha güçlü hâle getirir.
- Tutarlılık zaman içinde iç kararlılıkla oluşur.

BÖLÜM 6

Eğitimci –Aile –Büyük Ebeveyn Tutarlılığı

Çocukların davranışlarını anlamaya çalışırken çoğu zaman yalnızca ev içindeki kurallara odaklanırız. Oysa çocuklar hayatlarını tek bir ortamda geçirmezler. Ev, okul, arkadaş çevresi ve geniş aile gibi farklı sosyal alanlar çocuğun davranışlarını şekillendirir.

Bu nedenle sınırlar yalnızca ebeveynlerin koyduğu kurallarla sınırlı değildir. Çocuğun hayatındaki farklı yetişkinler arasında oluşan **tutarlılık veya tutarsızlık** da çocuğun sınırları nasıl algıladığını doğrudan etkiler.

Bir çocuk evde başka, okulda başka, büyükanne ve büyükbaba yanında bambaşka kurallarla karşılaştığında dünyayı anlamlandırmakta zorlanabilir. Çünkü çocuklar kuralları tek tek ezberlemekten çok, yetişkinlerin davranışları arasındaki düzeni anlamaya çalışırlar.

Gelişim psikolojisinde sıkça vurgulanan bir gerçek vardır:
Çocuklar yalnızca kurallardan değil, **yetişkinler arasındaki ilişkiden de öğrenirler.**

Bu nedenle çocuğun hayatındaki yetişkinler arasında oluşan temel uyum, sınırların daha kolay anlaşılmasını ve içselleştirilmesini sağlar.

Ev ve Okul Arasında Aynı Dil

Birçok ebeveyn şu durumu yaşamıştır:
Çocuk okulda kurallara uyumlu görünürken evde aynı davranışı göstermeyebilir. Ya da tam tersi, evde sakin ve uyumlu olan bir çocuk okul ortamında zorlanabilir.

Bu durum çoğu zaman çocuğun karakteriyle değil, farklı ortamlardaki beklentilerin ne kadar uyumlu olduğu ile ilgilidir.

Okul ortamı çocuk için yalnızca akademik bir yer değildir. Aynı zamanda sosyal kuralları öğrendiği önemli bir gelişim alanıdır. Öğretmenlerin kullandığı dil, beklentiler ve sınırlar çocuğun davranışlarını şekillendirir.

Araştırmalar, ebeveynler ve öğretmenler arasında kurulan iş birliğinin çocukların hem akademik hem de davranışsal gelişimini olumlu etkilediğini göstermektedir. Özellikle eğitim psikoloğu J. Joyce'un aile–okul iş birliği üzerine yaptığı çalışmalar, çocukların gelişiminde bu ilişkinin güçlü bir belirleyici olduğunu ortaya koymaktadır.

Ev ve okul arasında kurulan iletişim şu açılardan önemlidir:

- Çocuk benzer mesajları farklı ortamlarda tekrar duyar.
- Beklentiler daha anlaşılır hâle gelir.
- Çocuk hangi davranışların kabul edildiğini daha kolay öğrenir.

Örneğin bir çocuk okulda konuşma sırasını beklemeyi öğrenirken, evde sürekli sözünün kesilmesi ya da herkesin aynı anda konuştuğu bir ortamla karşılaşıyorsa bu beceriyi içselleştirmesi zorlaşabilir.

Tam tersine, evde de benzer iletişim kuralları uygulanıyorsa çocuk öğrendiği davranışı daha kolay genelleyebilir.

Bu nedenle ebeveynlerin zaman zaman öğretmenlerle iletişim kurması yalnızca akademik başarı için değil, çocuğun davranış gelişimi açısından da önemlidir.

Büyük Ebeveynlerle Sınır

Çocuk yetiştirirken birçok aile için büyük ebeveynler önemli bir destek kaynağıdır. Büyükanne ve büyükbabalar hem bakım hem de duygusal bağ açısından çocuğun hayatında değerli bir yer tutar.

Ancak bazen geniş aile içinde sınırlar konusunda farklı yaklaşımlar ortaya çıkabilir.

Örneğin ebeveynlerin sınırlı tuttuğu ekran süresi, büyük ebeveynlerin evinde tamamen serbest bırakılabilir. Ya da ebeveynlerin uyguladığı bir kural, "Bir şey olmaz, bırak biraz eğlensin." gibi iyi niyetli bir yaklaşımla esnetilebilir.

Bu tür durumlar çoğu zaman çatışma yaratmak amacıyla değil, sevgi ve şefkat duygusuyla ortaya çıkar. Büyük ebeveynler torunlarını mutlu etmek isteyebilirler. Ancak sık sık değişen kurallar çocuk için kafa karıştırıcı olabilir.

Gelişim psikolojisi araştırmaları, çocukların davranışlarını şekillendiren en önemli unsurlardan birinin **öngörülebilirlik** olduğunu göstermektedir. Kitapta daha önce de sık sık üzerinde durduğumuz gibi, çocuklar hangi davranışın hangi sonuçla karşılaşacağını bildiklerinde kendilerini daha güvende hissederler.

Bu nedenle geniş aile içinde sınırlar konusunda tamamen aynı yaklaşımın olması her zaman mümkün olmasa da, temel konularda belirli bir uyum sağlanması çocuk açısından faydalıdır.

Örneğin, anne ve baba evde "Hafta içi ekran süresi günde yarım saat" kuralını uygulamaya çalışırken, çocuk her hafta sonu gittiği büyükannesinin evinde saatlerce televizyon izleyip tablet kullanabiliyorsa, çocuk şu soruyla baş başa kalır:
"Gerçek kural hangisi?"
Bir süre sonra çocuk, kuralların mantığını değil; **kimin yanında, neyi ne kadar esnetebileceğini** öğrenmeye başlar. Evde "hayır" dendiğinde, "Ama anneannem izin veriyor" cümlesi, çoğu zaman bu tutarsızlığın dışa vurumudur; çocuğun kafasındaki karışıklığın değil, yetişkinler arasındaki uyumsuzluğun göstergesidir.

Başka bir örnek: Evde kardeşine vurmanın kabul edilmediği, "Öfkelensen bile kimseye vuramazsın" kuralının net olduğu bir ailede, çocuk dedesinin yanında kuzenine vurduğunda "Çocuktur yapar." denilerek görmezden geliniyorsa, çocuk şu mesajı alabilir:
"Bazı yetişkinler için bu davranış sorun değil."
Bu durumda çocuk, **davranışın doğru–yanlış boyutunu değil; kimin yanında neye izin verildiğini** izlemeye başlar. Evde sınır her seferinde hatırlatılırken, geniş aile içinde aynı davranışın ödüllendirilmese bile tolere edilmesi, sınırın gücünü zayıflatır.

Bu tür durumlarda amaç, büyük ebeveynleri suçlamak değil; onlarla sakin bir dille ortak bir zemin aramaktır. "Onu çok mutlu etmek istediğini biliyorum, bu bizim için çok değerli. Aynı zamanda ekran süresini belli bir sınırda tutmaya çalışıyoruz, çünkü uykusunu ve dikkatini etkiliyor." gibi cümleler, hem ilişkiyi korur hem de çocuğun karşısında yetişkinlerin birbirine tamamen zıt sinyaller vermesini azaltır. Böylece çocuk için sınırlar daha anlaşılır ve daha az test edilen bir çerçeveye dönüşür.

Çocuğun Sorumlu Yetişkin Ağı

Çocuklar yalnızca ebeveynlerinden öğrenmezler. Hayatlarında yer alan farklı yetişkinler onların gelişiminde önemli bir rol oynar. Öğretmenler, akrabalar, aile dostları ve zaman zaman komşular bile çocukların sosyal dünyasının bir parçası olabilir.

Gelişim psikoloğu Urie Bronfenbrenner'in ekolojik sistemler kuramı, çocuk gelişiminin yalnızca aile içinde değil, çocuğun çevresindeki bütün sosyal ilişkiler içinde şekillendiğini vurgular. Bu yaklaşıma göre çocuk, farklı sosyal halkaların etkileşimi içinde büyür.

Bu nedenle çocuğun hayatında güvenilir ve sorumluluk sahibi yetişkinlerin bulunması önemli bir koruyucu faktör olarak görülmektedir.

Araştırmalar, çocukların hayatında destekleyici yetişkinlerin sayısı arttıkça şu alanlarda olumlu etkiler gözlemlendiğini göstermektedir:

- duygusal dayanıklılık
- sosyal beceriler
- problem çözme yeteneği
- stresle başa çıkma

Burada önemli olan nokta, çocuğun karşılaştığı yetişkinlerin benzer temel değerleri paylaşmasıdır. Her yetişkinin yaklaşımı birebir aynı olmak zorunda değildir. Ancak saygı, güven ve sınırlar konusunda ortak bir anlayışın bulunması çocuğun dünyayı daha tutarlı bir şekilde anlamasına yardımcı olur.

Bir çocuk farklı ortamlarda farklı kurallarla karşılaşabilir; bu hayatın doğal bir parçasıdır. Ancak temel mesaj aynı kaldığında çocuk için dünya daha anlaşılır hâle gelir.

Bu nedenle ebeveynlerin tek başına tüm sorumluluğu taşıdığı bir model yerine, çocuğun hayatındaki yetişkinlerle birlikte oluşan **sorumlu bir yetişkin ağı** çocuğun gelişimini destekleyen güçlü bir yapı oluşturur.

Eğitimci–Aile–Büyük Ebeveyn Tutarlılığı İçin Pratik Kurallar

1. Çocuğun Karşısında Çatışmayın

Farklı görüşler her zaman çıkabilir. Büyük ebeveynler, öğretmenler ya da eşler arasında kural konusunda anlaşmazlık olması normaldir. Önemli olan, bu farklılığın çocuğun gözü önünde bir tartışmaya dönüşmemesidir.

- "Anne çok katı, ben sana veririm tableti!"
Bu cümle, çocuğa hem kuralın ciddiyetsiz olduğunu hem de yetişkinler arasında uyumsuzluk olduğunu öğretir. Çocuk bir sonraki sefer "dedem izin verir" diye kuralı direkt ihlal eder.

- "Bunu evde konuşalım, şimdi kuralımız bu."
Bu yaklaşım, sınırı korur ve aynı zamanda yetişkinler arası saygıyı gösterir. Çocuğa "yetişkinler farklı düşünebilir ama şu anki kural bu" mesajı verilir. Sonra yetişkinler kendi aralarında çözüm bulur.

2. Büyük Ebeveynlere "Rol Tanımlaması"

Büyük ebeveynler torunlarını mutlu etmek ister. Bu sevgi, aile için paha biçilmez bir kaynaktır. Ama bazen iyi niyetle konulan kurallar, ebeveynlerin sınırlarıyla çelişir.

Sevgi + şefkat onların uzmanlığıdır. Sınır koyma yükünü ebeveynlere bırakmak için:

- "Siz onu çok mutlu ediyorsunuz, bu bizim için paha biçilmez." (Teşekkürle başla)
- "Evde ekran kuralı tutmaya çalışıyoruz, siz de destek olursanız harika olur." (Ne istediğini net söyle)
- Çocuğun üzülmesini hiçbirimiz istemeyiz ama o anki üzüntüsü ilerideki zararları önlemek için. Şu an üzülmesini istemediğimiz gibi ileride de daha büyük üzüntüler yaşamaması için bunu yapmaya çalışıyoruz. Bu yolda en büyük yardımcımız da sizsiniz. Desteğiniz ve iş birliğinizle iyi yetiştireceğimize inanıyoruz.

Bu yaklaşım, büyük ebeveyni suçlamak yerine, ortak bir hedefe davet eder. Zira büyüklerin hayat tecrübeleri ve bilgilerini de yabana atmamak ve faydalanmakta yarar var. Ama bu ancak ortak noktada anlaşarak, birlikte karar alarak verimli hale gelebilir. Çoğu büyük ebeveyn, torunlarının gelişimini düşündüklerinde bu tür bir işbirliğine hazırdır.

3. Kural Sürekli İhlal Ediliyorsa Ne Yapılmalı?

Bazen tüm iyi niyetli konuşmalara rağmen büyük ebeveynler, konulan sınırları önemsemeyebilir ya da "bir kereden bir şey olmaz" yaklaşımıyla kuralları esnetmeye devam edebilir.

Bu durumda ebeveynler için en önemli soru şudur:
Çocuğa karşı nasıl bir tutum sergilenmeli?

Öncelikle şunu netleştirmek gerekir:
Çocuk için esas referans noktası ebeveyndir.

Bu nedenle ev içinde belirlenen kural ve sınırların, her durumda ebeveyn tarafından korunması gerekir.

Çocuk farklı ortamlarda farklı uygulamalarla karşılaşabilir. Bu hayatın doğal bir parçasıdır. Ancak evdeki yaklaşımın net ve tutarlı olması, çocuğun kafasının karışmasını engeller.

Bu tür durumlarda şu yaklaşım daha sağlıklı olur:

"Orada farklı olabilir ama bizim evde kural bu."

Bu cümle:

- büyük ebeveyni suçlamaz
- tartışmayı çocuğun önüne taşımaz
- ama sınırı net bir şekilde korur

Eğer çocuk bu durumu bir avantaj hâline getirmeye çalışırsa, yani "orada izin var" diyerek sınırı zorlamaya devam ederse, ebeveynin sakin ve kararlı şekilde aynı tutumu sürdürmesi gerekir.

Önemli olan, çocuğun şunu net şekilde öğrenmesidir:

Kurallar kişilere göre değil, duruma göre değişir.
Ve evdeki sınırlar her koşulda geçerlidir.

Gerekirse ebeveynler, sınırın korunabilmesi için ortamı da düzenleyebilir. Örneğin:

- ekran süresi konusunda sorun yaşanıyorsa, cihazların erişimi kontrol altına alınabilir
- ziyaret süreleri ve koşulları yeniden planlanabilir

Bu bir cezalandırma değil, sınırı koruyabilmek için yapılan bir düzenlemedir.

Küçük Ama Kritik Bir Hatırlatma

Amaç, büyük ebeveynlerle çatışmak değil;
çocuğun zihninde net bir sistem oluşturmaktır.

Çocuk, farklı yerlerde farklı uygulamalarla karşılaşabilir.
Ama temel sınırlar her zaman aynı kaldığında, zamanla bu durumu anlamlandırmayı öğrenir.

Bu noktada bir başka önemli konu da çocuğun bu durumu nasıl anlamlandırdığıdır.

Çocuğun bunu sevilip sevilmeme durumuna bağlamaması ve bu farklı uygulamayı "onlar beni daha çok seviyor, o yüzden istediklerime izin veriyorlar" şeklinde yorumlamaması için bu konunun açıkça konuşulması gerekir.

Çocuğa, büyük ebeveynlerin sınırları ve kuralları anne baba gibi net şekilde uygulamadıkları durumlarda, kuralların ve sınırların varlığının ve uygulanma biçimlerinin sevgiyle ilgili olmadığı anlatılmalıdır.

Bu süreçte çocuğa şu mesaj verilmelidir:

Herkesin onu çok sevdiği ve iyi olmasını istediği, ancak bazen yöntemlerde ve uygulamalarda farklılık olabileceği... Büyük ebeveynlerin de aslında doğru olanın bu kurallar olduğunu bildikleri ve bu kuralları destekledikleri, fakat bazen farklı bir açıdan bakarak onu üzmek istemedikleri...

Ve en önemlisi:

Sevgi, verilen izinlerle ya da konulan sınırlarla ölçülmez. Bazen "hayır" demek de en az "evet" demek kadar sevgi içerir.

Kısa Bir Konuşma Örneği

Çocuk:
"Ama dede izin veriyor, sen neden vermiyorsun?"

Ebeveyn:
"Deden seni çok sevdiği için bazen seni üzmek istemiyor ve o yüzden izin verebiliyor."

"Biz de seni çok seviyoruz. Ama bizim görevimiz, senin için neyin daha iyi ve doğru olduğunu da korumak. Bu yüzden bazı şeylerde izin vermiyoruz. Bu seni daha az sevdiğimiz anlamına gelmiyor."

"Deden de aslında bu kuralların önemli olduğunu biliyor, sadece bazen farklı davranabiliyor."

"Bizim evde kuralımız bu ve buna birlikte uymaya devam edeceğiz."

Bu tür bir yaklaşım:

- çocuğun sevgiyle kuralı birbirine karıştırmasını engeller
- büyük ebeveyni kötü göstermeden durumu açıklar
- ebeveynin sınırını net bir şekilde korur
- çocuğun zihninde "kim daha çok seviyor" gibi bir karşılaştırma oluşmasını önler

Okulla Haftalık 1 Mesaj

Ebeveyn-öğretmen iletişimi, uzun veli toplantılarına ihtiyaç duymaz. Haftalık 1 kısa mesaj yeterlidir.

Ebeveyn-öğretmene:

- "Bu hafta evde ödev tamamlandı mı?"
- "Sınıfta dikkat dağınıklığı var mı?"

Öğretmen-ebeveyne:

- "Evde ekran süresi nasıl gidiyor?"
- "Bu hafta hangi konuda destek lazım?"

Uzun toplantı değil, haftalık 1 cümle yeterli. Bu, çocuğun ev-okul arasında farklı mesajlar almasını önler ve beklentileri netleştirir. Özellikle daha önce problem yaşanmış veya konuşulmuş bir konuda kısa takip, ev- okul arasındaki uyumu sağlamak çocuğun zihnini netleştirir.

****

"Davranışı değiştirmek istiyorsanız, önce ilişkiyi güçlendirin."

4. Tutarsızlığın Farkına Varıldığında Düzeltme

Çocuk tutarsızlığı fark ettiğinde, genelde bunu bir "zafer" olarak kullanır. "Ama dedem izin verdi" cümlesi, kuralın değil; uygulayıcının test edildiği anın işaretidir.

Çocuğa:
"Haklısın, deden farklı düşünüyor olabilir. Ama evde kuralımız bu."
Bu, hem gerçeği kabul eder hem sınırı korur.

Dedeyle sonra:
"Çocuğun kafası karıştı, ortak bir yol bulalım."
Bu, ilişkiyi korurken tutarlılığı yeniden kurar.

Bu yaklaşım, çocuğu suçlamaz; yetişkinleri sorumluluğa davet eder.

BÖLÜM 7

Çocuklar Neden Sınırları Test Eder?

Sınır Test Etmek Bir Sorun mu, Yoksa Gelişimin Bir Parçası mı?

Birçok yetişkin için en zorlayıcı durumlardan biri, çocuğun aynı sınırı tekrar tekrar zorlamasıdır. Daha önce açıklanmış, nedenleri konuşulmuş ve net bir şekilde belirlenmiş bir sınır, kısa bir süre sonra yeniden test edilebilir.

Bu durum çoğu zaman yetişkinde şu düşünceleri oluşturur:
"Beni dinlemiyor."
"Bilerek yapıyor."
"Sınırı biliyor ama umursamıyor."

Oysa çoğu durumda çocuk sınırı bilmediği için değil; sınırın ne kadar güvenilir olduğunu anlamak için test eder.

Bu, saygısızlık değil; öğrenme sürecidir.

Çocuklar dünyayı tekrar eden deneyimler yoluyla öğrenir. Bir sınırın gerçekten var olup olmadığını, sadece söylenmesiyle değil; tekrar eden deneyimlerle anlarlar.

Bir sınır her karşılaşmada benzer şekilde devam ettiğinde, çocuk için öngörülebilir hâle gelir. Bu öngörülebilirlik zamanla test etme ihtiyacını azaltır.

Ancak sınır bazen korunup bazen esnetildiğinde, çocuk sınırın hâlâ değişebilir olup olmadığını anlamak için tekrar dener.

Bu, çocuğun yetişkini zorlamaya çalıştığı anlamına gelmez. Çocuk, içinde bulunduğu sistemi anlamaya çalışır.

Sınır Test Etmek, Güven Arayışının Bir Parçasıdır

Yetişkinler çoğu zaman sınır test etmeyi bir meydan okuma olarak algılar. Oysa çocuk açısından bu süreç, dünyanın ne kadar güvenilir olduğunu anlamanın bir yoludur.

Gelişim psikolojisinde bu davranış, "çevre taraması" olarak da tanımlanır. Çocuk, etrafındaki dünyanın tutarlı mı yoksa belirsiz mi olduğunu anlamak için sürekli küçük testler yapar. Tıpkı yeni bir ortama giren birinin önce zemini yoklaması gibi; çocuk da sınırın ne kadar sağlam durduğunu adım adım anlamaya çalışır.

John Bowlby'nin bağlanma kuramı bu süreci farklı bir açıdan aydınlatır. Bowlby'ye göre çocuklar, bakım verenlerinin tutarlı ve güvenilir olup olmadığını sistematik biçimde sınarlar. Bu sınama, bağlanma figürünün "erişilebilir ve yanıt verici" olup olmadığını anlamaya yönelik evrimsel bir mekanizmadır. Çocuk, yetişkinin güvenilirliğini yalnızca sevgi ifadelerinden değil; stres ve çatışma anlarında nasıl davrandığından öğrenir. Sınır test etmek, tam da bu öğrenmenin yaşandığı anlardır.

Diana Baumrind'in on yıllar süren gözlem araştırmaları da benzer bir tablo ortaya koyar. Sınırların tutarlı ve ilişki sıcaklığıyla bir arada sunulduğu ortamlarda çocuklar, sınır testlerini zamanla azaltır. Buna karşılık sınırın tutarsız ya da açıklamasız uygulandığı ortamlarda test etme davranışı hem sıklaşır hem de yoğunlaşır. Buradaki belirleyici unsur sınırın sertliği değil; öngörülebilirliğidir.

Nörobilim cephesinden bakıldığında tablo daha da netleşir. 8–15 yaş aralığında prefrontal korteks, yani planlama, dürtü kontrolü ve sonuç değerlendirmesinden sorumlu beyin bölgesi, henüz gelişimini tamamlamamıştır. Bu nedenle çocuk, bir sınırla karşılaştığında uzun vadeli sonuçları değil; o anki duyguyu ve anlık tepkiyi öncelikli olarak işler. Sınırı tekrar test etmek, bilinçli bir strateji değil; henüz olgunlaşmamış bir beynin öğrenme biçimidir. Çocuğa "neden hep aynı şeyi yapıyorsun?" diye sorulduğunda çoğu zaman gerçek bir cevabı yoktur; çünkü bu davranış bilinçli bir seçimden çok, otomatik bir arayıştan kaynaklanmaktadır.

Erik Erikson'ın psikososyal gelişim kuramında da bu sürecin izlerini görmek mümkündür. Özellikle 8–12 yaş aralığında çocuk, "*Başarılı olabilir miyim, yeterliyim*?" sorusunun peşindedir. Bu dönemde sınırlar, çocuğun kendini ve çevresini anlamlandırma sürecinin bir parçası hâline gelir. Sınırın nerede durduğunu bilmek, çocuğun kendi sınırlarını da keşfetmesine zemin hazırlar.

Tüm bunlar şu temel gerçeği ortaya koyar: Çocuk için sınır, sadece bir kural değil; aynı zamanda bir referans noktasıdır. Sınırın her seferinde benzer biçimde var olduğunu deneyimlemek, çocuğun iç dünyasında bir düzen oluşturur. Bu düzen, çocuğun kendini daha güvende hissetmesini sağlar.

Bu nedenle sınır test etmek, sınırı yok etmeye yönelik bir saldırı değil; sınırın varlığını doğrulamaya yönelik bir arayıştır. Ve bu arayışa tutarlılıkla karşılık vermek, yetişkinin verebileceği en güçlü yanıtlardan biridir.

Beynin Gelişimi: Neden Özellikle 8–15 Yaş Arası?

8–15 yaş arası, çocuğun beyninde yalnızca bilgi birikiminin arttığı değil, yapısal olarak da büyük bir dönüşümün yaşandığı bir dönemdir. Araştırmalar, bu yaşlarda beynin duyguları ve ödülü işleyen bölgeleriyle (limbik sistem) fren mekanizmasını ve planlamayı yöneten ön beyin (prefrontal korteks) arasında belirgin bir zamanlama farkı olduğunu gösteriyor.

Limbik sistem, yani duyguların, ödül arayışının ve sosyal etkileşimin yoğun yaşandığı beyin ağı, ergenlik döneminde oldukça erken ve hızlı bir şekilde aktif hâle gelir. Bu, çocuğun daha güçlü hisler yaşamasına, yeni deneyimlere, risklere ve "acaba ne olacak?" sorusuna daha açık olmasına yol açar. Buna karşılık, davranışları durdurma, uzun vadeli sonuçları düşünme, "şimdi durmalıyım" diyebilme becerisini taşıyan prefrontal korteksin olgunlaşması çok daha yavaştır ve 20'li yaşların başına kadar devam eder.

Beynin bu iki sistemi aynı anda gelişmediği için, özellikle 10–15 yaş aralığında çocukların:

- Daha yoğun duygusal tepkiler vermesi,
- Yeniliğe ve denemeye daha açık olması,
- Kural ve sınırları daha sık yoklaması,
- Bazen "biliyordum ama yine de yaptım" demesi

nörobiyolojik açıdan beklenen bir durumdur.

Duygu düzenleme üzerine yapılan çalışmalar da, ergenlik boyunca duyguları yatıştırmada görev alan beyin bölgelerinin (özellikle prefrontal korteks ve ön singulat korteks) etkinliğinin kademeli olarak arttığını; yani çocuğun duygusunu fark etme, adlandırma ve yönetme becerisinin zamana yayılarak geliştiğini gösteriyor.

Bu tablo, sınır test etmeyi farklı bir yerden okumamıza yardım eder: 8–15 yaş arası çocuk çoğu zaman "sadece sizi zorlamak" için değil, beyninin içinde yeni yeni oluşan bağlantıları, kendi kimliğini ve ilişkilerin sınırlarını yoklamak için de dener. Sizin "hayır"ınız, onun beyninde sadece bir yasak değil; "nerede durmam gerekiyor, ben kimim, neye izin verilmiyor, özgürlük alanım nereye kadar?" sorularına verilen bir cevap hâline gelir.

Bu nedenle, bu dönemde sınırların net ama ilişkiyi koruyan bir dille konması, çocuğun hem beyin gelişimiyle hem de duygusal olgunlaşma süreciyle uyumlu bir çerçeve sunar.

Sınır Testini Azaltmak İçin Pratik Stratejiler

Çocukların sınırları zaman zaman zorlaması, gelişimin doğal bir parçasıdır. Ama bu, her günün küçük bir savaşa dönüşmesi zorunlu demek değildir. Bazı basit ama tutarlı adımlar, testlerin hem sayısını hem de şiddetini azaltmaya yardımcı olabilir.

1. Sınırı Önceden ve Açık Söylemek

Çocuk, ancak bildiği bir sınırı test edebilir. Ne zaman "yanlış yaptığını" bilmediği yerde, aslında sınırı değil, belirsizliği yokluyordur. Bu yüzden:

- Kuralı mümkün olduğunca önceden,
- Kısa ve net bir cümleyle ifade etmek önemlidir.

Örneğin:
"Hafta içi oyun saati 20.00'ye kadar."
"Ekran, ödev bittikten sonra en fazla 30 dakika."

Bu netlik, "bugün ne çıkacak?" endişesini azaltır ve test etme ihtiyacını bir miktar düşürür.

2. Az Kural, Net Kural

Çok sayıda ama uygulanmayan kural, çocuk için "ciddi olmayan" sınır demektir. Az sayıda, gerçekten korunan sınır ise daha az test edilir. Özellikle:

- Güvenlik (gece dışarıda kalma, internet kullanımı),
- Saygı (hakaret, fiziksel zarar),
- Sorumluluk (ödev, ev içi katkı)

gibi ana alanlarda net olun; detaylarda ise esneklik payı bırakmak, hem çatışmayı hem de test etme ihtiyacını azaltır.

3. Sınır İçinde Seçenek Vermek

Sınır testinin önemli bir kısmı, çocuğun "biraz da ben karar vereyim" ihtiyacından beslenir. Sınırın kendisini değil, sınır içindeki biçimi esnetmek bu nedenle işe yarar:

- "Odayı toplaman lazım" yerine:
  "Önce masasını mı toplayacaksın, yerleri mi?"
- "Ekran süren bitti" yerine:
  "Kapatmadan önce 2 dakika içinde oyunu kaydedebilirsin."

Bu tür küçük seçenekler, çocuğun kendini daha az köşeye sıkışmış hissetmesini sağlar; sınırı değil, uygulanış biçimini test etmeye yöneltir.

4. Güç Savaşından Çıkmak

Çocuk sınırı test ettiğinde, yetişkinin de egosu devreye girdiğinde sahne hızla bir "kim kazanacak?" mücadelesine dönüşür. Bu noktada:

- Uzun tartışmalara girmemek,
- Kısa ve tekrarlanan cümleler kullanmak ("Kuralımız bu, biliyorsun."),
- Ses tonunu yükseltmeden sınırı hatırlatmak

güç savaşını büyütmeden sınırı korumanın etkili yollarındandır.

Çocuk için mesaj şudur: "Bu konuda pazarlık yok, ama bağımız da kopmuyor."

5. Doğal ve Mantıklı Sonuçlar Kullanmak

Her sınır ihlalinde soyut cezalar yerine, davranışla ilişkili doğal sonuçlar sunmak, hem çatışmayı hem de tekrar test etme ihtiyacını azaltır:

- Ödev yapılmadıysa: Ertesi gün oyun süresi kısalır; çünkü eksik sorumluluk telafi edilir.
- Eve geç gelindiyse: Bir sonraki dışarı çıkma süresi daha kısa tutulur.

Burada amaç "intikam almak veya sözümü dinlemedi ceza vermem gerek yoksa otoritem gider ve sözlerim dinlenmez olur" gibi amaçlar değil; çocuğun "seçimim → sonucu" bağlantısını görmesini sağlamaktır. Yoksa 'burada otorite benim o yüzden ben söylediğim için yapmak zorundasın' mesajını vermek değil. Buradaki ince çizgiye dikkat etmek gerek. Aksi taktirde büyüdükçe otoriteye başkaldırı problemi yaşanacaktır.

6. İyi Giden Anları Görünür Kılmak

Sınır test edildiğinde hemen fark ederiz; ama sınır zorlanmadan kabul edildiğinde çoğu zaman sessizce geçer. Oysa:

- "Bugün süre dolunca kendin kapattın, fark ettim."
- "Dün tartışmadan eve zamanında geldin, bu büyük bir adımdı."

gibi cümleler, çocuğa sadece ihlalin değil, işbirliğinin de görüldüğü mesajını verir. Bu da "test etmezsem kimse fark etmiyor" hissini azaltır.

7. Kendi Tutarlılığımıza Bakmak

Sınır testini azaltmanın en güçlü ama en sessiz yollarından biri, kendi tutarlılığımızı gözden geçirmektir:

- ☐ Aynı davranışa her seferinde benzer tepki verebiliyor muyum?
- ☐ Anne-baba ya da öğretmenler olarak aynı dili kullanıyor muyuz?
- ☐ Yorgunluk, suçluluk ya da karşılaşılan direnç , kuralları bir gün gevşetip ertesi gün sertleştirmeme neden oluyor mu?

Araştırmalar, ebeveyn ve eğitimciler ne kadar tutarlı olursa, çocukların uzun vadede sınırı daha az test ettiğini; çünkü artık "nerede durduğunu bildiği" bir zeminde yaşadığını gösteriyor.

Önemli Hatırlatma

Çocuk büyüdükçe sınırlar da sabit kalmamalı, ebeveynler arasında düzenli olarak gözden geçirilmelidir. Çocuğun yaşına ve olgunluk düzeyine göre sınırlar belirlenirken, onun da fikrini ifade etmesine alan açmak süreci kolaylaştırır.

Zaman zaman yapılan kısa aile konuşmaları, hem sorumlulukların netleşmesini sağlar hem de çocuğun kendini ifade etme becerisini geliştirir. Kendiyle ilgili konularda düşünmesi, gerekçelerini dile getirmesi ve sürece dahil olması, öz gelişimini destekler.

Aynı zamanda bu yaklaşım, farklı görüşlerin konuşulabildiği bir iletişim kültürü oluşturur. Çocuk, fikir beyan etmeyi, dinlemeyi ve uzlaşmayı öğrenir. Bu da hem özgüvenine hem de akademik ve sosyal gelişimine olumlu katkı sağlar.

Bu yaklaşımın etkisi, çocuk gelişimi üzerine yapılan araştırmalarda da görülmektedir. Özellikle "özerklik destekleyici ebeveynlik" üzerine yapılan çalışmalar, çocuğun fikirlerinin dikkate alındığı ortamlarda daha yüksek öz güven, daha güçlü problem çözme becerileri ve daha iyi akademik uyum geliştiğini göstermektedir.

Örnek-1

12 yaşındaki Elif'in ailesi, akşam ekran süresi konusunda sürekli tartışma yaşıyordu. Önceden kural tek taraflı konuluyordu ve Elif her seferinde itiraz ediyordu.

Aile, bu durumu değiştirmek için kısa bir aile konuşması yaptı. Elif'e "Sence hafta içi ekran süresi ne kadar olmalı?" diye soruldu. Elif kendi fikrini söyledi, ebeveynler de kendi gerekçelerini paylaştı.

Sonunda birlikte bir sınır belirlendi.

İlk başta zorlanmalar olsa da, Elif'in cümlesi süreci özetliyordu: "En azından bu kararı birlikte aldık."

Bu küçük değişim, hem tartışmaları azalttı hem de Elif'in kurala uyumunu artırdı.

Aynı zamanda bu yaklaşım, farklı görüşlerin konuşulabildiği bir iletişim kültürü oluşturur. Çocuk, fikir beyan etmeyi, dinlemeyi ve uzlaşmayı öğrenir. Bu da hem özgüvenine hem de sosyal ve akademik gelişimine olumlu katkı sağlar.

Örnek-2

Günlük hayatta bazı sınırlar sadece "kural" olarak değil, **başkalarını düşünme becerisiyle** birlikte öğretilmelidir.

Örneğin, çocuğunuza kütüphane, hastane, toplu taşıma ya da apartman ortak alanlarında yüksek sesle konuşmama konusunda bir sınır belirlediniz. Eve girerken merdiven boşluğunda sessiz olunması gerektiğini de buna eklediniz.

Bu tür durumlarda her seferinde hatırlatmak yerine, uygun bir zamanda kısa bir sohbet etmek çok daha etkili olabilir.

"Burada yüksek sesle konuşursak kimler rahatsız olabilir?" gibi bir soruyla çocuğun düşünmesini sağlayabilirsiniz. Diğer dairelerde uyuyan bir bebek, dinlenen insanlar ya da hasta ve yaşlı bireyler olabileceğini konuşmak, çocuğun empati kurmasına yardımcı olur.

Bu yaklaşımda amaç sadece davranışı durdurmak değil,
davranışın arkasındaki nedeni anlamasını sağlamaktır.

BÖLÜM 8

Sınırdan Davranışa: İçselleştirme Süreci

Buraya kadar sınır koyma ve tutarlılık noktasında bir çok noktaya değindik ve büyük bir aşama kaydetttik. Bütün bunların akabinde diğer önemli bir mesele, bu sınırların zamanla çocuğun davranışlarının bir parçası hâline gelmesidir. Çünkü bir çocuk bir davranışı yalnızca söylendiği için yapıyorsa, bu henüz öğrenme değildir. Gerçek öğrenme, o davranışın çocuğun iç dünyasında yer bulmasıyla başlar.

Bu sürece **içselleştirme** denir.

İçselleştirme, dışarıdan gelen bir kuralın zamanla çocuğun kendi iç sesi hâline gelmesidir. Onun yetişkin olma yolunda sınırları noktasında öz denetim sağlamasını beklersiniz.

Başlangıçta çocuk için sınır, dışarıdan gelen bir hatırlatmadır:
"Şimdi bırakıyoruz."
"Beklemen gerekiyor."
"Bu şekilde konuşmuyoruz."

Zamanla bu cümleler, çocuğun zihninde bir iz bırakır.

Bir süre sonra çocuk aynı durumda duraksar.
Sonra kendi kendine hatırlamaya başlar.
En sonunda ise davranış, hatırlatmaya ihtiyaç duymadan ortaya çıkar.

İşte bu noktada sınır, davranışa dönüşmüştür.

Burada sürece iki yönlü bakmak gerekir.

Koyduğunuz kurallar, sınırlar ve kurduğunuz iletişim biçimi zamanla çocuğun iç sesi hâline gelir dedik. Çocuk yalnızca ne yapması gerektiğini değil, nasıl düşünmesi gerektiğini de bu deneyimler üzerinden öğrenir. Bu nedenle sınırlar, çocuğun kişiliğinde önemli yapı taşları oluşturur ve yaşamının temelini şekillendirir.

İçselleştirme Nasıl Oluşur?

İçselleştirme tek bir doğru tepkiyle değil, tekrar eden deneyimlerle oluşur.

Bir çocuğun sınırı gerçekten öğrenmesi için şuna ihtiyacı vardır:

- Aynı durumla tekrar tekrar karşılaşmak
- Benzer tepkiler görmek
- Duygularıyla birlikte kabul edilmek

Bu üçü bir araya geldiğinde çocuk yalnızca "ne yapması gerektiğini" değil,
"neden böyle davranması gerektiğini" de anlamaya başlar.

Görünmeyen Süreç

İçselleştirme dışarıdan bakıldığında hemen fark edilmez. Çocuk bir gün kurala uyar, ertesi gün uymaz. Bazen çok iyi ilerler, bazen geri gidiyor gibi görünür.

Bu durum çoğu ebeveyni şu düşünceye götürür:

"Hiçbir şey değişmiyor."

Oysa değişim vardır.
Sadece henüz dışarıdan net görünmez.

Çünkü içselleştirme doğrusal ilerleyen bir süreç değildir. Dalgalıdır.

Kritik Bir Nokta: Anlamak Yetmez

Birçok ebeveyn şu cümleyi kurar:
"Anlıyor ama yapmıyor."
Bu aslında sürecin en normal aşamasıdır.
Çünkü:

Anlamak bilişsel bir süreçtir
Yapabilmek ise düzenleme becerisidir

Çocuk bir sınırı anlayabilir.
Ama o sınırı her durumda uygulayabilecek kapasite henüz gelişmemiş olabilir.

Bu fark görülmediğinde çocuk "istemiyor" olarak yorumlanır.
Oysa çoğu zaman gerçek şu olur:

– **Henüz yapamıyor.** –

Bu durum ergenlik de dahil bir bireyin doğumundan yetişkinliğe kadar hatta yetişkinlerde de bu şekilde işleyen bir süreçtir. Bugün bir yetişkin bile yeni bir alışkanlık kazanmak için tekrar ve süreklilliğe ihtiyaç duyar. Bu nedenle davranışın yerleşmesi zaman alan bir süreçtir. Fark şudur; Çocuk bu süreci başlangıçta bir yetişkinin rehberliğiyle öğrenir.

Zamanla bu rehberlik, yerini çocuğun kendi iç sesine bırakır. Artık sınır dışarıdan hatırlatılan bir şey değil, içeriden yöneten bir yapı hâline gelir.

Bu noktada önemli olan mükemmel davranışlar üretmek değil, sağlam bir temel oluşturmaktır.

*

Unutmayın, çocuğunuzu mükemmel yapmaya çalışmıyorsunuz.
Bir çerçeve oluşturmaya çalışıyorsunuz.
O çerçevenin içi, yani hayatı, ileride ona ait olacak.
Ve içine kendi istediği resmi yerleştirecek.
Ama o çerçevenin büyük bir kısmı, sizin elinizden çıkacak.
Üstelik bunun için düşündüğünüz kadar uzun bir zamanınız yok.
Çünkü artık çocuklar, oldukça erken yaşlarda dış dünyayla temas kuruyor.
Okul, arkadaş çevresi, sosyal ortam, internet...
Zamanla siz, çocuğu etkileyen tek kişi olmaktan çıkıyorsunuz.
İşte bu yüzden en önemli noktalardan biri şudur: Sınırları ertelememek.
“Daha küçük” diyerek bu süreci hafife almak, çoğu zaman daha zor bir yolu beraberinde getirir.
Bu kısa zamanı iyi değerlendirebilmek için; motivasyonunuzun yüksek, zihninizin berrak ve yaklaşımınızın net olması gerekir.

Davranış Ne Zaman Kalıcı Olur?

Bir davranışın kalıcı hâle gelmesi için üç şeyin birlikte oluşması gerekir:

1. Tekrar

Aynı deneyimin farklı zamanlarda yaşanması

2. Tutarlılık

Benzer durumlarda benzer sonuçların ortaya çıkması

3. Anlam

Çocuğun davranışı sadece yapması gerektiği için değil, anlamlı bulduğu için sürdürmesi

Bu üç unsur bir araya geldiğinde davranış yavaş yavaş otomatikleşir.

İçselleştirme ve Özgürlük

Sınırlar çoğu zaman özgürlüğü kısıtlayan şeyler gibi algılanır. Oysa içselleşmiş sınırlar, çocuğa tam tersine özgürlük sağlar.

Çünkü çocuk artık:

- sürekli hatırlatılmaya ihtiyaç duymaz
- dış kontrol olmadan hareket edebilir
- kendi davranışını yönetebilir

Bu da çocuğun hem kendine hem de çevresine daha uyumlu bir şekilde hareket etmesini sağlar.

******

Çocuklar kuralları öğrenmez.
Yaşadıkları deneyimleri öğrenirler.

Eğer sınırlar tutarlı, sakin ve ilişkiyi koruyan bir şekilde uygulanıyorsa, çocuk yalnızca davranışı değil, o davranışın arkasındaki sistemi de öğrenir.

SONUÇ

Disiplin Bir Kontrol Değil, Bir Rehberliktir

Bu kitap boyunca disipline, sınır ve sevgi dengesine farklı bir yerden bakmaya çalıştık.

Disiplini yalnızca kurallar, cezalar ya da itaat üzerinden değil; çocuğun gelişimini destekleyen bir rehberlik süreci olarak ele aldık. Çünkü disiplin, çocuğu kontrol etmek için değil; onun kendi davranışlarını düzenleyebileceği bir iç denge kurmasına yardımcı olmak içindir.

Çocuklar doğduklarında neyi nasıl yapmaları gerektiğini bilmezler.
Dünyayı, ilişkileri ve sınırları deneyimleyerek öğrenirler.

Bu öğrenme sürecinde karşılaştıkları en önemli şey, yetişkinlerin onlara sunduğu çerçevedir.

Bu çerçeve:

- net olduğunda,
- tutarlı olduğunda,
- ve ilişkiyi koruduğunda

çocuk için güvenli bir alan oluşturur.

Bu güvenli alan içinde çocuk yalnızca kuralları öğrenmez.
Kendini öğrenir.
Duygularını tanır.
Davranışlarını düzenlemeyi öğrenir.

Zamanla dışarıdan gelen bu yapı, çocuğun iç dünyasında yer eder.

Ve bir gün, kimse hatırlatmadan doğru olanı yapmaya başladığında, aslında disiplin yerini bulmuş olur.

Ancak bu süreç kusursuz ilerlemez.

Bazen yorulursunuz.
Bazen sabrınız azalır.
Bazen aynı şeyi tekrar tekrar söylemek zorunda kalırsınız.

Bu anlar, başarısızlık değil; sürecin doğal bir parçasıdır.

Çünkü çocuk yetiştirmek, anlık sonuçlar alınan bir süreç değil; zamanla şekillenen bir yolculuktur.

Bu yolculukta en önemli şey mükemmel olmak değildir.

Önemli olan:

- çocuğunuzla kurduğunuz ilişkiyi korumak
- sınırları net ama şefkatli bir şekilde sürdürebilmek
- ve her şeye rağmen bağın kopmamasını sağlamaktır

Çocuklar mükemmel ebeveynlere değil,
tutarlı ve güven veren ebeveynlere ihtiyaç duyar.

Unutmayın:

Çocuğunuz bir gün sizi dinlemeyi bırakabilir.
Ama sizin ona kazandırdığınız iç sesi hayatı boyunca taşır.

Ve o iç ses ne kadar net, güvenli ve dengeliyse, çocuğunuzun hayat yolculuğu da o kadar sağlam olur.

Disiplin, çocuğu kontrol etmek değildir.
Ona, kendi yolunu güvenle yürüyebileceği bir güzergah sunmaktır.

Günlük Hayatta Sınırlar

Önceki bölümlerde sınırların neden gerekli olduğunu, çocuğun beyninde nasıl işlendiğini ve tutarlılığın neden bu kadar belirleyici olduğunu konuştuk. Bu bölümde ise tüm o ilkeleri günlük hayatın en somut, en tekrar eden anlarına taşıyacağız.

Çünkü sınır, teoride değil; akşam yemek masasında, ödev saatinde, telefon başında ve "hayır" dediğimiz her anda var olur ya da erir.

Ekran Süresi ve Dijital Dünya Sınırları

Günümüzde ebeveynlerin ve eğitimcilerin en sık zorlandığı sınır alanlarından biri ekran kullanımıdır. Ve bu zorluk anlaşılırdır. Çünkü ekran, çocuğun gözünde hem eğlence hem sosyal bağ hem de kimlik alanıdır. Telefonu elinden almak, onun gözünde bazen dünyasından koparmak gibi hissettirebilir.

Öte yandan yetişkin için de tablo karmaşıktır. Sınırı koymak kolaydır, ama korumak yorucudur. Çocuk her seferinde "beş dakika daha" dediğinde, yetişkinin içinden iki ses konuşur: "Hayır demem lazım" ve "Ne zararı var ki?"

Burada önce bir ayrım yapmak gerekir.

Ekran süresini sınırlamak, teknolojiyi düşman ilan etmek değildir. Hedef, çocuğun dijital dünyadan tamamen uzak tutulması da değildir. Hedef, ekranın çocuğun hayatında bir yer tutması; ama her yeri kaplamasının önüne geçilmesidir.

Araştırmalar, ekran süresinin uzunluğundan çok içeriğin kalitesi ve kullanım bağlamının belirleyici olduğunu göstermektedir. Yani çocuğun ekran karşısında ne yaptığı, kaç saat oturduğu kadar önemlidir. Bununla birlikte, özellikle uyku saatine yakın yoğun ekran kullanımının uyku kalitesini ve dikkat süresini olumsuz etkilediğine dair bulgular oldukça açık ve net bir şekilde kanıtlanmıştır.

Peki sınır nasıl kurulur?

En işlevli yaklaşım, "yasak" üzerine değil; "çerçeve" üzerine kurulan sınırlardır.

Örneğin:

"Telefon yok" demek yerine → *"Ödev bitmeden ekran yok, ödev bitince 45 dakika serbestsin."*

"Hep telefondasın" demek yerine → *"Akşam yemeğinde telefonlar masada değil, yemekten sonra bakabilirsin."*

Bu yaklaşım çocuğa "ekran düşmandır" mesajı vermez. Aksine, ekranın hayatında bir yeri olduğunu ama her yeri kaplamadığını öğretir.

Dijital dünya sınırlarında en sık yapılan hatalardan biri, kuralın anlık öfkeyle belirlenmesidir. "Yeter artık, bir hafta telefon yok!" cümlesi, o anki gerilimi keser. Ama çocuk için bu sınır ne açıklanabilirdir ne de öngörülebilirdir. Birkaç gün sonra sınır ya unutulur ya da çocuğun ısrarıyla geri çekilir.

Bunun yerine sakin bir anda, çocukla birlikte şu soruları konuşmak çok daha kalıcı bir zemin kurar:

"Ekranı ne zaman kullanmak istersin?" "Ödev ve uyku zamanın ne olsun?" "Oyun oynamak için günde ne kadar süre mantıklı görünüyor sana?"

Bu konuşma, sınırı dayatmaz; çocuğu sürece dahil eder. 8–15 yaş aralığında bu katılım, sınırın içselleşmesini önemli ölçüde kolaylaştırır. Çünkü çocuk, kendisinin de söz söylediği bir çerçeveye uymayı daha az direnç göstererek kabul eder.

*Kritik Bir Nokta

Çocuğun ekran ve dersleri iki rakip alan gibi algılamaması çok önemlidir. Eğer çocuk sürekli "şimdi oyun, sonra ödev" ya da "ödev biter bitmez tekrar ekran" şeklinde bir git-gel içinde kalıyorsa, bu iki alan zihninde karşı karşıya konumlanır.

Bu durumda dersler, yapılması gereken ama keyifli olmayan bir zorunluluk; ekran ise ödül gibi algılanmaya başlar. Böyle bir dengede çocuğun okula ve öğrenmeye karşı olumlu bir ilişki geliştirmesini ve konsantre olmasını beklemek zordur.

Bu nedenle ödevden ekrana ya da ekrandan ödeve doğrudan direk geçişler yerine, araya küçük geçiş alanları koymak daha sağlıklıdır. Daha önce bahsettiğimiz **bağlantılı geçiş** yaklaşımı burada oldukça işe yarar.

Örneğin, ödev öncesine kısa bir oda toplama görevi koymak, ödev sonrasında birlikte çöpleri dışarı çıkarmak, küçük bir yemek ya da kek hazırlamak gibi ara aktiviteler geçişi yumuşatır. Benzer şekilde ders çalışma öncesi veya sonrasında ailecek kısa ve keyifli etkinlikler yapılabilir; sessiz sinema, bilmece, hafıza oyunları gibi.

Bu küçük ara adımlar, çocuğun zihninde ekran ve dersleri birbiriyle yarışan iki alan olmaktan çıkarır.
Geçişleri yumuşatır, direnci azaltır ve denge kurar.

Ebeveyn İçin Hızlı Uygulama: Ekran Çerçevesi

Bu hafta aşağıdaki soruları çocuğunuzla birlikte doldurun:

"Hafta içi ekran zamanım: .... saati, ... dakika." "Hafta sonu ekran zamanım: .... saati, ... dakika." "Ekransız zamanlarımız: yemek, uyku öncesi, ..."

Kağıda yazın ve buzdolabına asın. İlk hafta itiraz gelebilir. İkinci haftadan itibaren çocuğun kendisi hatırlatmaya başlayabilir.

Ödev, Oyun ve Sorumluluk Dengesi

Ödev saati, birçok evde günün en gergin anıdır. Çocuk oyun oynamak ister, yetişkin ödevin bitmesini ister. Bu iki istek aynı anda var olur ve çoğu zaman çatışmaya dönüşür.

Ancak buradaki gerçek sorun çoğu zaman ödevin kendisi değildir. Sorun, oyun ile sorumluluğun birbirine rakip gibi kurgulanmasıdır.

Çocuk için net olan şu olmalıdır: Oyun, kazanılan bir ödül değildir. Oyun, çocuğun ihtiyacıdır. Ama sorumluluklar da hayatın bir parçasıdır ve bunların sırası vardır.

Bu ayrımı kurmak, ödev saatini bir cezadan çıkarıp günün olağan akışına dönüştürür.

Pratik olarak işe yarayan yaklaşım şudur: Çocuğun günlük rutini önceden bellidir. Okul çıkışı kısa bir mola, ardından ödev, ardından oyun. Bu sıralama her gün benzer şekilde uygulandığında, çocuğun beyni zamanla bu geçişi "anormal" değil; "böyle işliyor" olarak okumaya başlar.

Burada sık yapılan hatalardan biri, ödev süresini belirsiz bırakmaktır. "Ödevini bitirmeden kalkmıyorsun" cümlesi, çocuk için bir bitiş noktası sunmaz. Ödev uzadıkça gerilim de uzar.

Bunun yerine:

"Saat 17.00'de başlıyoruz, 18.00'e kadar devam ediyoruz. Bitmediyse yarın öğretmeninle konuşursun, bu senin sorumluluğun."

Bu cümle hem sınırı koyar hem de sorumluluğu çocuğa bırakır. Yetişkin her ödevi bitirmek zorunda değildir; çocuğun sorumluluğunu üstlenmemek de bir sınır biçimidir.

Gerçek Hayat Örneği: Ayşe'nin Ödev Krizi

12 yaşındaki Ayşe her akşam ödev yaparken bir noktada ağlamaya başlıyordu. Annesi de onunla birlikte masa başına geçiyor, saatlerce yanında oturuyordu. Ödev bittiğinde ikisi de bitkin oluyordu.

Yeni yaklaşım: Anne masadan çekildi. *"Saat 17.30–19.00 arası ödev zamanın. Takıldığın bir yer olursa gel, ama masanda oturmam gerekmiyor."* dedi.

İlk hafta Ayşe daha çok ağladı. İkinci hafta daha az sordu. Üçüncü hafta ödevini tek başına bitirip geldi. Annesi yanında olmadığı için değil; sorumluluğun kime ait olduğu netleştiği için.

Konuşma Adabı ve Saygı Sınırları

8–15 yaş aralığında çocukların dil kullanımı hızla değişir. Arkadaş çevresinden taşınan kelimeler, yükselen ses tonu, kimi zaman kaba ya da saygısız algılanan ifadeler ev ortamına girer. Bu durum yetişkinlerde genellikle güçlü bir tepki yaratır.

Ancak burada önce bir ayrım yapmak gerekir. Çocuğun öfkeli olması ile saygısız konuşması aynı şey değildir. Öfke, bir duygudur ve her duygu gibi kabul edilebilirdir. Ama öfkeyi ifade etme biçimi, yani seçilen kelimeler ve ses tonu, bir davranıştır ve sınır gerektiren davranışlar bu alanda da geçerlidir.

"Sana kızgınım" ile *"Sen hiçbir şey anlamıyorsun ki!"* arasındaki fark, duygu ile davranış arasındaki farktır. Birincisi kabul edilebilirdir. İkincisi için sınır konulabilir; ama sınır konulurken duygu yok sayılmamalıdır.

Örneğin 14 yaşındaki bir çocuk sinirlendiğinde *"Bırak beni, her şeye karışıyorsun!"* derse, iki ayrı şeyi aynı anda duymak gerekir:

Birincisi: *"Çok sinirlenmiş, bu duygu gerçek."* İkincisi: *"Bu konuşma biçimi kabul edilebilir değil."*

Ve bunu şu şekilde söylemek mümkündür:

"Şu an çok sinirlendiğini görüyorum. Ama bu şekilde konuşmak kabul edilebilir değil. Sakinleşince konuşabiliriz."

Bu cümle ne çocuğu susturur ne de saygısız konuşmayı görmezden gelir. İkisini aynı anda tutar.

Saygı sınırlarında en sık yapılan hatalardan biri, sınırı tutarsız uygulamaktır. Bazen "geçti" denir, bazen aynı cümle büyük bir çatışmaya dönüşür. Belirsizlik olduğunda çocuk sınırı referans almaz; duruma göre değişen yetişkin tepkilerini referans alır.

Aynı sınır, her koşulda benzer şekilde karşısına çıktığında ise çocuk neyin geçerli olduğunu anlar ve zamanla bunu kendi davranışına taşır.

Ebeveyn İçin Hızlı Uygulama: İki Cümle Testi

Çocuğunuzun saygısız bulduğunuz bir konuşmasından sonra şu iki soruyu kendinize sorun:

"Bu davranışa bugün nasıl tepki verdim?" "Geçen hafta benzer bir durumda ne yapmıştım?"

Cevaplar çok farklıysa, sınır tutarsız uygulanıyor demektir. Sınırı değiştirmek gerekmez; uygulamayı sabitlemek yeterlidir.

Okul Kuralları ve Ev Dışındaki Davranışlar

Çocuk evde bir başka, dışarıda bir başka kişi gibi davranıyorsa, bu çoğu zaman "davranış sorunu veya tutarsızlık" değil; farklı ortamlara uyum sağlama çabasıdır.

Ancak burada önemli bir soru vardır: Bu iki dünya arasındaki fark ne kadar büyük?

Eğer evde saygı bekleniyor ama okulda küçük düşürülmek "normal" kabul ediliyorsa, çocuk için "saygı" kavramı ortama göre değişen bir şey hâline gelir. Eğer okulda sorumluluk bekleniyor ama evde her şey hazır geliyorsa, çocuk sorumluluğu okula ait bir zorunluluk olarak kodlar.

Bu kopukluklar zamanla büyür. Çocuk, farklı ortamlarda farklı kurallar öğrenir; ama hiçbirini tam olarak içselleştiremez.

Okul ile ev arasında tam bir aynılık gerekmez. Ama temel mesajların örtüşmesi gerekir.

Örneğin okulda öğretmenine saygısızca konuşan bir çocuğa evde *"Öğretmen de haksız olabilir"* demek, çocuğa saygının koşullu olduğunu öğretir. Oysa şöyle demek mümkündür:

"Öğretmenin seni haksız yere azarlamış olabilir, bunu konuşabiliriz. Ama sana nasıl konuştuğundan bağımsız olarak, sen nasıl konuşacağını seçebilirsin."

Bu cümle, çocuğun haksızlığa uğrama ihtimalini görmezden gelmez. Ama aynı zamanda saygının karşılıklılık koşuluna bağlı olmadığını öğretir.

Ev dışındaki davranışlar söz konusu olduğunda, yetişkinin en güçlü aracı model olmaktır. Çocuk, büyüklerin dışarıda nasıl konuştuğunu, bir çatışmada nasıl davrandığını, haksızlıkla nasıl yüzleştiğini gözlemler ve bu gözlemler, söylenen her kuraldan daha derin izler bırakır.

Gerçek Hayat Örneği: Kerem'in Okul Çıkışı

13 yaşındaki Kerem'in öğretmeni, onun teneffüste arkadaşlarına kaba davrandığını söyledi. Babası eve gelince durumu sert bir şekilde azarlayarak kapattı: *"Utanç verici, bir daha böyle bir şey duymak istemiyorum."*

Kerem sustu. Ama konuşmadı.

Farklı bir yaklaşım şöyle olabilirdi: *"Öğretmen olanı anlattı. Sen nasıl gördün o anı?"* Kerem'in anlattıklarını dinledikten sonra: *"Sinirlenmeni anlıyorum. Ama o şekilde konuşmak, senin hakkında ne söyler? Bir dahaki seferde ne yapabilirdin?"*

Bu yaklaşım azarlamaz; sorumluluğu çocuğa bırakır. Ve çocuğun davranışını dışarıdan değil; içeriden düzeltmesine zemin hazırlar.

Bu Bölümden Notlar

- Ekran sınırları yasak üzerine değil; çerçeve üzerine kurulduğunda daha kalıcıdır.
- Ödev ile oyun rakip değildir; sıraları bellidir. Sorumluluk çocuğa ait olduğunda, yetişkin her gece masa başına geçmek zorunda kalmaz.
- Saygı sınırları duyguyu değil, davranışı düzenler. Çocuğun öfkesi kabul edilebilir; ama her konuşma biçimi kabul edilemez.
- Okul ve ev arasında tam aynılık gerekmez; ama temel mesajların örtüşmesi gerekir. Çocuk, farklı ortamlarda farklı gerçekliklerle değil; farklı tonlarla karşılaşmalıdır.
- Ve tüm bu alanlarda belirleyici olan şey yetişkinin o günkü enerjisi değil; genel yönünün öngörülebilir olmasıdır.

Peki Ya Şimdiye Kadar Olmadıysa?

Belki şimdiye kadar sınır koyma konusunda istediğiniz gibi ilerleyemediniz.
Belki bazı konular hiç netleşmedi, belki koyduğunuz sınırlar sürdürülemedi ya da zamanla esnedi.

Ve artık bazı şeylerin değişmesi gerektiğini düşünüyorsunuz

Ama bir taraftan aklınıza şu sorular geliyor:
"Şimdiye kadar böyle değildi, şimdi birden bunlar nereden çıktı?" derse.

Ya da daha zor olanı:
"Artık geçti..."

Önce şunu netleştirelim:
Hiçbir zaman geç değildir Yeter ki kararlı olun ve bu konuda enerjinizi toplayın. Ancak değişim, bir karar vermekle birlikte, küçük küçük adımlar atmakla başlar.

-Nereden Başlamalı?

Her şeyi bir anda değiştirmeye çalışmayın.

"En çok nerede zorlanıyorum?" sorusunu kendinize sorun ve en sık zorlandığınız **tek bir alanı seçin.**
(Ekran süresi, uyku, saygı sınırları gibi)

Ve orada küçük ama net bir sınır belirleyin.

Bu değişimi çocuğunuza anlatırken büyük açıklamalara ya da savunmalara girmeye gerek yok.

Çocuğunuza durumu açık ve sakin bir şekilde anlatın:

"Şimdiye kadar bu konuda çok net değildik.
Ama artık bazı şeyleri daha düzenli yapmak istiyoruz."

Bu açıklama önemli çünkü:

- geçmişi inkâr etmez
- çocuğu suçlamaz
- yeni bir başlangıç kapısı açar

<u>-İlk Tepki:</u>

Muhtemelen ilk tepki itiraz olacaktır.

"Ama hep böyleydi..."
"Neden şimdi değişti?"

Bu tepkiler çok normal. Çünkü çocuk alıştığı düzenin değişmesini fark edecek ilk aşamada.

Çok uzun açıklamalar yapmak ya da çocuğu ikna etmeye çalışmak çoğu zaman işe yaramaz. Ama sakin ve kararlı bir şekilde aynı sınırı korumaya devam etmek, zamanla her şeyi değiştirir.

İlk birkaç gün zor olabilir.
Ama sonra çocuk yavaş yavaş şunu fark eder:
"Bazı kurallar için artık daha ciddi sınırlar var ve burdan sonrasını aşmamam gerek"

O noktadan sonra direnç azalır, süreç daha akıcı hâle gelir.

Şunu da unutmamak gerekir:
Değişim bir anda kabul edilmez. Ama tutarlı olduğunda, zamanla yerleşir.

Burada mesele mükemmel olmak değil.
Mesele, yeni çizgiyi koruyabilmektir.

Araştırmalar şunu açıkça gösteriyor:
Çocuklar, söylenenden çok **yaşanan ve tekrar eden düzeni** öğrenir.

Ebeveynin tutarlı, sakin ve sınırları koruyan bir yaklaşımda olması, çocuğun yeni sınırları zamanla kabul etmesini ve içselleştirmesini sağlar.

Yani bugün koyduğunuz bir sınır, ilk gün tepki alsa bile, devam ettikçe çocuk için "yeni normal" hâline gelir.

****

"Sınır koymak, kontrol etmekten çok; çocuğa hayatla nasıl ilişki kuracağını öğretmektir."

Sınır Koyarken En Sık Yapılan Hatalar

Birçok ebeveyn ve eğitimci sınır koymanın gerekli olduğunu bilir. Ancak zorlanılan nokta genellikle sınır koymak değil; sınırı nasıl koruyacağını bilmektir. Çoğu zaman sorun niyet eksikliği değil, yaklaşımın farkında olmadan sınırı zayıflatmasıdır.

Bu hatalar, çocuğun "zor" olmasına neden olmaz.
Ancak sınırın çocuk tarafından anlaşılmasını zorlaştırır.

Aşağıdaki hatalar, en sık karşılaşılan ve sınırın etkisini zayıflatan durumlardır.

1. Söylenen Sınırı Takip Etmemek

En yaygın durumlardan biri, sınırın söylenip uygulanmamasıdır.

Örneğin:
"Tablet süresi bitti."
Ama çocuk bırakmayınca birkaç dakika daha izin verilir.

Bu durum dışarıdan küçük bir esneklik gibi görünür. Ancak çocuk için farklı bir anlam taşır.

Çocuk şunu öğrenir:
Sınır, gerçekten bitiş noktası değildir. Söylenen şey söylendiği zamanda uygulanmayabiliyor. Böylelikle sonraki söylemlerde ciddiye alınmayı zedeler.

Burada sorun çocuğun direnmesi değildir. Direnmek, gelişimin doğal bir parçasıdır. Sorun, sınırın her seferinde farklı bir noktada sona ermesidir.

2. Sınırı Duygusal Tepki Anında Koymak

Bazı sınırlar, planlı değil; anlık duygusal tepkiyle ortaya çıkar.

Örneğin yetişkin yorgun olduğunda daha hızlı öfkelenebilir:

"Artık yeter! Bir daha tablet yok!"

Bu tür sınırlar genellikle sürdürülebilir olmaz. Çünkü sakinleşildiğinde geri alınır.

Bu da çocuğa şu mesajı verir:
Sınırlar, yetişkinin duygusuna bağlıdır.

Oysa sınırlar duygusal tepkiler değil, öngörülebilir referans noktaları olmalıdır.

3. Çok Fazla Açıklama Yapmak

Yetişkinler bazen çocuğun sınırı kabul etmesi için uzun uzun açıklama yapma ihtiyacı hisseder.

"Aslında ekran ışığı gözlerine zarar verir, ayrıca beynin dinlenmesi gerekiyor, uyku düzenin bozulur..."

Açıklama, doğru zamanda ve kısa olduğunda faydalıdır. Ancak sınırın kendisi açıklamaya bağlı hale geldiğinde etkisini kaybeder.

4. Tehdit Etmek Ama Uygulamamak

Bu durum özellikle zor anlarda ortaya çıkar.

"Bırakmazsan tamamen kaldırırım."
Ama bırakmadığında bu gerçekleşmez.

Bu tür tehditler kısa vadede işe yarıyor gibi görünse de uzun vadede sınırın güvenilirliğini zayıflatır.

Çocuk zamanla şunu öğrenir: Söylenen her şey gerçekleşmez.

Bu da sınırın etkisini azaltır.

5. Tutarsızlık

Bir gün izin verilen bir şeye ertesi gün izin verilmemesi, çocuk için kafa karıştırıcıdır.

Örneğin: Bir gün yatmadan önce tablet kullanmasına izin verilir, ertesi gün aynı davranışa izin verilmez.

Bu durumda çocuk sınırı değil, yetişkinin o günkü ruh halini takip etmeye başlar. Bu da iç disiplin gelişimini zorlaştırır.

Tutarlılık, sınırın en önemli taşıyıcı unsurudur.

Çocuk sınırı her zaman sevmeyebilir. Ama sınırın değişmeyeceğini bildiğinde, zamanla ona uyum sağlar.

6. Çocuğun Duygusunu Yok Saymak

Bazı yetişkinler sınırı koruyabilmek için çocuğun duygusunu tamamen görmezden gelir.

"Ağlamayı kes."
"Abartıyorsun."

Bu yaklaşım sınırı korur, ancak ilişkiyi zayıflatabilir.
Sevgi dolu sınırda ise sınır korunur, ama duygu reddedilmez:

"Arkadaşınla daha fazla oynamak ve zaman geçirmek istediğini biliyorum ve anlıyorum. Ben de küçükken böyle hissederdim. Ama şimdi eve gitme zamanı."

Bu yaklaşım çocuğun hem sınırı hem kendini anlamlandırmasına yardımcı olur.
Çocuk burada iki önemli mesaj alır:
Duygularım görülüyor.
Ve sınırlar net.

Bu deneyim, çocuğun zamanla hem duygularını kabul etmeyi hem de sınırlarla yaşamayı öğrenmesini sağlar.

7. Çocuğun Adalet Duygusunu Zedelemek

Çocuklar sadece söylenen kuralları değil, o kuralların nasıl yaşandığını da dikkatle gözlemler. Koyduğunuz sınırları siz ihlal ettiğinizde, çocuk için asıl mesaj değişir. Her kural için geçerli olmasa da bir çok kural için söyleminiz kadar örnek olmanız da büyük önem taşır.

Örneğin, çocuğunuza öfkelendiğinde bağırmamasını söylüyor ama siz sık sık bağırıyorsanız; ya da ona ekran sınırı koyarken kendiniz kontrolsüz şekilde uzun süre ekran başında kalıyorsanız, bu durum çocukta güçlü bir çelişki oluşturur.

Bir süre sonra çocuk şunu düşünmeye başlar:
"Bu herkes için serbest ama sadece bana mı yasak?" vey "Herkes istediğini yapıyor ama bana yasaklıyorlar."

Bu noktada çocuk ya sınırı içselleştirmez ya da fırsat bulduğunda kolayca ihlal eder. Hatta zamanla bunu bir haksızlık olarak görüp tepki geliştirebilir.

Çünkü çocuklar için adalet duygusu çok güçlüdür.
Sınırlar, sadece söylendiğinde değil; örnek bir şekilde yaşandığında daha çok anlam kazanır.

Ne Yapılmalı?

- **Model olun**
  Çocuktan beklediğiniz davranışı önce siz gösterin. Sınır, en çok yaşanarak öğrenilir.
- **Mükemmel olmaya çalışmayın, farkında olun**
  Hata yaptığınızda bunu fark etmek ve düzeltmek, sınırı güçlendirir.
- **Gerektiğinde kabul edin**
  "Az önce bağırdım, bu doğru değildi." diyebilmek, çocuğun adalet duygusunu onarır.
- **Sınırları birlikte görünür kılın**
  Evde herkes için geçerli olan bazı temel kuralların açık olması, "sadece bana uygulanıyor" hissini azaltır.

SEVGİLİ EBEVEYNLER ve EĞİTİMCİLER...

İnsan olarak sizin duygularınızın ve sabrınızın da sınırı olduğundan her zaman aynı dirayeti ve direnci göstermek elbette kolay değil. Bunu kolaylaştırmak ve öfke duygusuyla daha az karşı karşıya kalmak için kendinize mutlaka günlük, haftalık, aylık ve yıllık nefes koridorları açın. Bunlar sizin zihninizi duygusal yoğunluğunuzu boşaltacağınız zaman dilimleri olacak. Negatif iyonların boşalması gibi negatif duygularımızı boşaltacak, sabır depolarımızı dolduracak ve deşarj olacaksınız.

Bunların neler olacağına, hobilerinize,sevdiğiniz ve size iyi gelecek şeylere göre siz kendiniz karar vermelisiniz. Turla bir geziye katılabilir, tren yolculuğuna çıkabilirsiniz. Bir şarkı mırıldanabilir veya sadece durup birşey düşünmeden gökyüzünü bile izleyebilirsiniz. Zihninizi sakinleştirecek ve kendinizi iyi hissettirecek, kendinizi hissettirecek şeyler yapmayı es geçmeyin.

Kitap Biterken...

Çok derin bir alışkanlık vardır bazı kültürlerde:
Sınır koyarken, "hayır" derken ya da kızarken sevgi geri çekilir.
Bunu çoğumuz fark etmeden öğreniriz.
Bu nedenle sınır koymak, sadece çocuğa değil, aynı zamanda kendi iç dünyamıza da dokunan bir süreçtir. Ve bu süreç, üzerinde düşünmeyi, tekrar tekrar denemeyi ve bilinçli bir şekilde çalışmayı gerektirir. Aksi hâlde, o an geldiğinde olmak istediğiniz gibi değil, alıştığınız gibi davranabilirsiniz.
Çünkü çoğu zaman zihnimizin derinlerinde şu inançlar yer eder:
"Seven insan kızmaz."
"Kızarsam sevgim azalır."
"Hayır dersem beni daha az sever."
Bu tür bilinçaltı düşünceler, ebeveynin elini kolunu bağlayabilir.
Oysa gerçek şu ki: Sevgi, sınır koymakla azalmaz.
Sevgi, kurallardan ve sınırlardan etkilenmeyecek kadar güçlüdür.
Bunu önce kendinizin kabul etmesi gerekiyor.
Sınır koyarken sevginizi de hissettirmekten çekinmemek, bu sürecin en önemli adımlarından biridir. Ve çoğu zaman ilk adım en zor olanıdır. Ama bir kez başardığınızda, devamı çok daha kolay gelir. Yanlış giden bir şeyleri düzeltmek için genellikle her zaman bir fırsatınız vardır. Ancak ne kadar erken başlanırsa, süreç o kadar kolay ilerler. İlk düğme doğru iliklendiğinde, gerisi daha kolay gelir. Bu yol zor olmak zorunda değil. Doğru kurulduğunda, bir mücadele değil, bir yolculuğa dönüşür. O zaman ebeveynlik yolu, zor bir yokuşu tırmanmak gibi değil de; çiçeklerle ve ağaçlarla dolu bir yolda, içinizi ısıtan bir güneşin altında, neşeli kuş sesleri eşliğinde sevdiğiniz bir şarkıyı dinleyerek yürümek gibi hissettirmeye başlar.

* **Bu yolculukta hepinize kalbinize güvenmeyi ve yolun tadını çıkarmanızı diliyorum..!***

This book has been produced in line with the EU GPSR guidelines about the safety of products.

The General Product Safety Regulation is the European Union's updated framework for ensuring that all consumer products, including books, are safe for consumers.

This book has been printed by CPI books GmbH. The printer has issued safety certificates for the materials - like ink, paper and glue - being used.

The product identifier is: 9789403833354

The author is responsible for the content of the book and had it produced by Bookmundo.

Should there be any questions in regard to the safety of the product, please contact us.

Bookmundo
Delftsestraat 33
3013AE Rotterdam
The Netherlands
info@bookmundo.com

FSC
www.fsc.org
MIX
Papier | Fördert
gute Waldnutzung
FSC® C083411

Kolibri 360 GmbH
Ferdinand-Jühlke-Straße 7
99095 Erfurt, Deutschland
produktsicherheit@kolibri360.de